4

+ Atividades
Português

Organizadora: Editora do Brasil

Nome: _____

Turma: _____

Escola: _____

Professor: _____

Dados Internacionais de Catalogação na Publicação (CIP)
(Câmara Brasileira do Livro, SP, Brasil)

+ Atividades: português, 4 / organizadora Editora do Brasil. – São Paulo:
Editora do Brasil, 2016.

ISBN 978-85-10-06344-9 (aluno)
ISBN 978-85-10-06345-6 (professor)

1. Português (Ensino fundamental) 2. Português (Ensino fundamental)
- Atividades e exercícios.

16-04098   CDD-372.6

Índices para catálogo sistemático:
1. Português: Ensino fundamental 372.6

Direção geral: Vicente Tortamano Avanso
Direção adjunta: Maria Lúcia Kerr Cavalcante de Queiroz

Direção editorial: Cibele Mendes Curto Santos
Gerência editorial: Felipe Ramos Poletti
Supervisão editorial: Erika Caldin
Supervisão de arte, editoração e produção digital: Adelaide Carolina Cerutti
Supervisão de direitos autorais: Marilisa Bertolone Mendes
Supervisão de controle de processos editoriais: Marta Dias Portero
Supervisão de revisão: Dora Helena Feres
Consultoria de iconografia: Tempo Composto Col. de Dados Ltda.

Coordenação editorial: Paulo Roberto Ribeiro
Edição: Camila Gutierrez
Assistência editorial: Raquel Costa
Auxílio editorial: Marilda Pessota
Edição de conteúdo: Obá Editorial
   Editor assistente: Leonardo do Carmo
   Assistente editorial: Eugênia Souza
   Elaboração: Rita Sirlene Gonçalez
   Edição: Jumi Oliveira
   Preparação: Isabela Norberto
Coordenação de revisão: Otacilio Palareti
Revisão: Ana Carla Ximenes
Coordenação de iconografia: Léo Burgos
Pesquisa iconográfica: Adriana Vaz Abrão
Coordenação de arte: Maria Aparecida Alves
Assistência de arte: Carla Del Matto
Design gráfico: Estúdio Sintonia e Patrícia Lino
Capa: Maria Aparecida Alves
Imagem de capa: Elena Schweitzer/Shutterstock.com
Produção cartográfica: Sonia Vaz
Ilustrações: Alberto Di Stefano, Carlos Caminha, Eduardo Belmiro, Estúdio Mil,
Fabio Eugenio, Ilustra Cartoon e Ronaldo Barata
Coordenação de editoração eletrônica: Abdonildo José de Lima Santos
Editoração eletrônica: José Anderson Campos
Licenciamentos de textos: Cynthia Utiyama, Jennifer Xavier, Paula Harue Tozaki e
Renata Garbellini
Coordenação de produção CPE: Leila P. Jungstedt
Controle de processos editoriais: Beatriz Villanueva, Bruna Alves, Carlos Nunes e
Rafael Machado

1ª edição / 4ª impressão, 2023
Impresso no Parque Gráfico da FTD Educação

Editora do Brasil

Rua Conselheiro Nébias, 887
São Paulo, SP – CEP 01203-001
Fone: +55 11 3226-0211
www.editoradobrasil.com.br

Respeite o direito autoral

Sumário

Texto 1

 # Reportagem

Leia a reportagem a seguir.

Na Índia, vacas, macacos e camelos andam pelas ruas

Quando Krishna Deol, 41, sai de casa, encontra vacas, macacos e elefantes. E não é que Krishna seja funcionário de um zoológico. Ele é motorista em Nova Déli, capital da Índia, e costuma levar turistas para todas as partes do país.

Se passa o tempo todo dirigindo, como vê tantos animais? É que, não importa onde você esteja, nas ruas da Índia sempre existe um bicho perto dos carros.

A viagem começa em Nova Déli. Mesmo cercadas por prédios, com avenidas movimentadas e pessoas atrasadas para o trabalho, a cidade abriga nas ruas milhares de vacas – mais de 90 mil estão espalhadas por todo o Estado de Déli.

Chegar à escola com cocô de vaca no sapato é normal. E o passatempo predileto delas é dormir nas avenidas, fazendo com que carros, motos e caminhões precisem desviar.

Como é um animal sagrado para o hinduísmo, principal religião do país, a vaca também marca um ritual nas ruas: o indiano se aproxima, encosta no bicho e na própria testa, em sinal de respeito.

As ruas da Índia também estão cheias de cavalos, burros, urubus e até de javalis. Macacos pulam pelas pontes, camelos carregam cargas enormes nas estradas, carros ultrapassam elefantes e não é difícil encontrar um pavão ou um encantador de co-

Jan-Otto/iStockphoto.com

| Pessoas, vacas e transportes transitam juntos nas ruas da Índia, 2014.

bras (como nos desenhos animados, eles tocam flauta, fazendo com que uma cobra comece a dançar).

Assim como os macacos, "sabia que os elefantes também conseguiam subir em árvores no passado?", perguntou o motorista. Segundo as lendas do hinduísmo, esses animais pesadões tinham asas e podiam voar com os pássaros. Mas a brincadeira acabou logo.

Certo dia, um elefante caiu de uma árvore e matou pessoas. Os deuses decidiram cortar as asas dos bichos. Hoje em dia, na Índia, eles são usados para carregar turistas. Em Jaipur, a 265 km de Nova Déli, centenas desses bichos andam entre os carros.

Bruno Molinero. Na Índia, vacas, macacos e camelos andam pelas ruas. *Folha de S.Paulo*, Folhinha. 22/09/12. FOLHAPRESS. Disponível em: < www1.folha.uol.com.br/folhinha/ 1157408-na-india-vacas-macacos-e-camelos-andam-pelas-ruas.shtml >. Acesso em: out. 2015.

1 De acordo com a reportagem, quem é Krishna Deol? Qual é a profissão dele?

2 Por que Krishna Deol vê tantos animais enquanto trabalha?

3 Por que as ruas de Nova Déli abrigam milhares de vacas? Como os indianos reagem quando as encontram?

4 O texto informa o passatempo predileto das vacas em Nova Déli. Qual é esse passatempo e quais são suas consequências?

5 Quantas vacas existem no Estado de Nova Déli? E quais outros animais também são encontrados nas ruas da Índia?

_____

_____

_____

_____

_____

6 Na reportagem, o motorista conta ao repórter uma lenda do hinduísmo sobre os elefantes. Leia novamente a lenda e reconte-a com suas palavras.

_____

_____

_____

_____

_____

_____

_____

_____

| Turistas montam em elefantes em Jaipur, Índia, 2010.

Gannet77/IStockphoto.com

7 O texto lido mistura fatos reais e ficção. Essa afirmação se confirma no trecho:

a) ☐

A viagem começa em Nova Déli. Mesmo cercadas por prédios, com avenidas movimentadas e pessoas atrasadas para o trabalho, a cidade abriga nas ruas milhares de vacas [...].

b) ☐

[...] Segundo as lendas do hinduísmo, esses animais pesadões tinham asas e podiam voar com os pássaros. [...]

c) ☐

[...] Em Jaipur, a 265 km de Nova Déli, centenas desses bichos andam entre os carros.

8 Imagine se o trânsito aqui no Brasil fosse parecido com o das cidades da Índia, com vários animais circulando entre os carros! Que tipo de placa encontraríamos pelas ruas para sinalizar a presença desses animais? Circule-a.

a)

b)

c)

9 Você sabe onde fica a Índia? Teste seus conhecimentos assinalando uma alternativa em cada questão.

a) Para chegar à Índia:

- ☐ é preciso atravessar alguns oceanos.

- ☐ não é preciso atravessar nenhum oceano.

b) Na Índia o idioma oficial:

- ☐ é o português.

- ☐ é o hindi e o inglês.

Releia a reportagem "Na Índia, vacas, macacos e camelos andam pelas ruas".

10 Em qual veículo de comunicação e em qual data esse texto foi publicado?

_____

_____

_____

11 O que teria motivado o jornalista a escrever essa reportagem?

_____

_____

_____

_____

_____

_____

12 Para qual público a reportagem foi escrita? Como é possível saber disso?

_____

_____

_____

_____

_____

_____

13 Assinale as alternativas que estão de acordo com o texto lido.

a) ☐ O primeiro parágrafo traz uma ideia geral do assunto que será comentado durante o texto.

b) ☐ Apresenta personagens fantásticos, como animais que falam, por exemplo.

c) ☐ É um texto que transmite informações sobre algum assunto; portanto, é um texto informativo.

d) ☐ Conta uma história; portanto, é uma narrativa.

e) ☐ A linguagem é simples e clara, de fácil compreensão.

f) ☐ É um texto encontrado apenas em livros de histórias.

g) ☐ É um texto que podemos encontrar em jornais, revistas e na internet.

A reportagem que você leu foi publicada em um meio digital, o *site*, mas ela poderia ter sido publicada em um meio impresso, como os jornais e as revistas que encontramos nas bancas de jornal.

Existem algumas diferenças entre as reportagens publicadas em meios impressos e as publicadas em meio digital.

14 Imagine a seguinte situação: uma pessoa vai para o trabalho de transporte coletivo (ônibus ou metrô) e usa esse tempo (enquanto está no transporte) para ler as notícias do dia. Que jornal é mais viável: o impresso ou o digital? Explique por quê.

_____

_____

_____

_____

15 No quadro abaixo, observe as características da reportagem impressa e da reportagem digital e as identifique preenchendo o cabeçalho das colunas.

Diferenças	Para armazenar a informação, é necessário haver espaço físico.	O armazenamento dos arquivos pode ser feito em espaços menores que aqueles destinados ao arquivamento das mídias impressas.
	Não contém hipertextos. Por isso, as janelas que poderão ser abertas durante a nossa leitura são aquelas que acessam nossos conhecimentos prévios.	É possível acessarmos os *hiperlinks* (palavras ou frases grifadas que abrem outras janelas de texto para complementar as informações). Esse formato é chamado de hipertexto.
	Após publicada, não pode ser modificada. Se houver correções, serão publicadas na seção de "erratas" na edição seguinte.	Pode ser atualizada, mesmo depois de publicada.
	O tamanho do texto tende a ser maior, já que aprofundamentos precisam estar incorporados nele. Caso o leitor queira se aprofundar mais, precisará recorrer a outros meios.	O tamanho da reportagem pode ser reduzido recorrendo-se aos *hiperlinks* quando houver a necessidade de aprofundamento. Esse aprofundamento fica a critério do leitor.
	O espaço para imagens é mais limitado.	Pode ser acompanhada de um álbum de imagens.
Semelhanças	Buscam apresentar os fatos de maneira imparcial e não são feitas em primeira pessoa. Registram as informações para torná-las públicas.	

Substantivos: gênero e flexão de número

Leia a seguir uma lenda indiana e, depois, responda às questões.

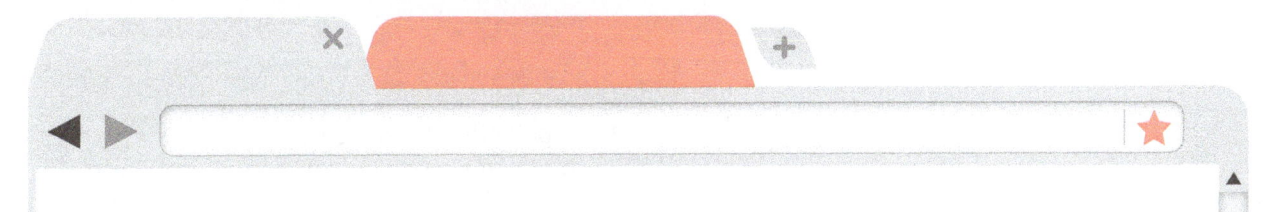

Ganesha – História do Deus com Cabeça de Elefante, filho de Shiva e de Parwati, e de como ele adquiriu esta forma

Certa vez, a Deusa **Parwati** ficou muito tempo sem a companhia do Deus **Shiva**, inventor da *yoga*. Seu esposo costumava perder a noção do tempo quando saía para **meditar**. Para se distrair, Parwati foi banhar-se no rio, misturando o **sândalo** utilizado no banho com a areia, modelando um bebê e dando-lhe vida. Nascia Ganesha.

Seu filho cresceu e aprendeu tudo que podia sobre as artes da guerra e da meditação. Quando já era moço, Parwati pediu que Ganesha vigiasse a porta da casa de onde moravam enquanto ela cuidava de outras coisas. Enquanto isso, Shiva sai de seu estado meditativo e volta pra casa, encontrando Ganesha guardando a porta. Como eles não se conheciam, ele impediu o pai de entrar em casa. Abrindo seu terceiro olho, Shiva atacou o próprio filho e arrancou-lhe a cabeça.

Parwati ficou furiosa ao saber do ocorrido, e, quando deuses ficam furiosos, coisas terríveis como terremotos, tempestades e *tsunamis* acontecem. A fim de acalmar a fúria da esposa, Shiva saiu em busca de algum animal que estivesse dormindo para o lado errado (na Índia, deve-se dormir com a cabeça virada para o Norte), até que ele encontrou um elefante,

Stockillustration/Dreamstime.com Andrea Prior

| Representação de Ganesha.

arrancou-lhe a cabeça e **conectou-a** em Ganesha, ressuscitando o filho. Além disso, Parwati exigiu que seu filho fosse adorado antes dos outros deuses em todas as celebrações. [...]

Especial Índia – Lendas Urbanas. Disponível em: < http://mundoemsp.com.br/lendas_indianas >. Acesso em: jan. 2016.

> **Conectar:** ligar, juntar.
> **Meditar:** pensar profundamente.
> **Sândalo:** perfume retirado do tronco de uma árvore.

1 As lendas são histórias que costumam dar explicações fantasiosas para fatos da natureza, por exemplo.

a) Como a lenda que você leu explica o nascimento de Ganesha?

_____

_____

_____

b) E como explica os fenômenos naturais referentes ao clima?

_____

_____

_____

2 Leia o quadro a seguir:

Shiva é o **esposo** de Parwati.
Parwati é a **esposa** de Shiva.

Parwati é a **mãe** de Ganesha.
Shiva é o **pai** de Ganesha.

Representação de Parwati e Shiva.

• Que relação existe entre os pares de substantivos **esposo/esposa** e **mãe/pai**?

_____

_____

_____

Na língua portuguesa, existem dois gêneros: o **masculino** e o **feminino**.

Pertencem ao gênero **masculino** todos os substantivos que admitem o artigo **o**: **o esposo**, **o pai**, **o elefante** etc.

Pertencem ao gênero **feminino** todos os substantivos que admitem o artigo **a**: **a esposa**, **a mãe**, **a tempestade** etc.

Muitas vezes, o feminino é uma palavra completamente diferente do masculino: pai – **mãe**; boi – **vaca**; cavalo – **égua**.

Há também casos em que o feminino é formado por meio do acréscimo ou da troca da terminação da palavra: esposo – espos**a**; elefante – elefant**a**.

Veja outros casos de formação do feminino: campon**ês** – campon**esa**; cant**or** – cant**ora**; an**ão** – an**ã**; profet**a** – profet**isa**; her**ói** – her**oína**.

| Camponesa. | Camponês.

3 Preencha a tabela encaixando adequadamente as palavras do quadro a seguir.

> tempo – rio – sândalo – areia – vida – guerra
>
> meditação – olho – *tsunamis* – coisas – filho – celebrações

Masculino	Feminino

Além de variar quanto ao gênero (masculino e feminino), o substantivo também pode variar quanto ao número: **singular** e **plural**.

A regra básica para a formação do plural dos substantivos é o acréscimo do **-s** à terminação: um olho / dois olho**s** / três olho**s**.

Outros casos de formação do plural:

• **-ão** ⇨ **-ões, -ães, -ãos**: sabão – sabões; pão – pães; cidadão – cidadãos;

• **-r, -z, -n** ⇨ **-es**: flor – flores; rapaz – rapazes; abdômen – abdômenes;

• **-s** ⇨ **-es**: país – países;

• **-al, -el, -il, -ol, -ul** ⇨ substitui-se **-l** por **-is**: papel – papéis; anzol – anzóis;

• oxítonos terminados em **-il** ⇨ substitui-se **-l** por **-s**: anil – anis; barril – barris;

• paroxítonos terminados em **-il** ⇨ substitui-se **-il** por **-eis**: fóssil – fósseis; réptil – répteis.

4 Leia a tirinha para responder às questões.

Tirinha *Calvin & Haroldo*, de Bill Watterson.

a) Como ficaria a fala da professora, no primeiro balão, se ela estivesse se referindo a vários homens, por exemplo?

_____

_____

b) Quando você reescreveu a frase, quais palavras sofreram variações?

_____

_____

c) Calvin conhece a origem secreta de cada super-herói. Embora seja separada por hífen (–), "super-herói" é uma palavra só. Quantas letras há nessa palavra?

_____

d) Leia essa palavra em voz alta e bem devagar, prestando atenção ao som de cada letra que a compõe. Todas essas letras emitem som?

_____

_____

Texto 2

Reportagem

Você já leu no **Texto 1** a reportagem que apresenta alguns hábitos e crenças dos indianos no que se refere aos animais. Agora vamos conhecer a produção cinematográfica desse país.

Brasil, Índia e as crianças

A Índia é muito diferente do Brasil, mas as crianças de lá se parecem com as daqui: gostam de brincar, têm sonhos e não compreendem direito o comportamento dos adultos. Além disso, são vítimas de injustiças, principalmente se forem pobres.

Tudo isso pode ser observado nos três filmes indianos do **Fici**. Neles, quase tudo é distante da realidade brasileira – paisagem, costumes, idioma. Mas, ao mesmo tempo, é gostoso perceber que a infância fala uma língua universal.

O que chama a atenção em "Keshu", "Meu Nome é Kalam" e "O Circo" (o mais bem produzido) é a importância que dão aos estudos. Para os personagens, ir à escola representa a oportunidade de mudar de vida. Em "O Circo", a mãe de duas crianças não quer que sejam criadoras de cabras, como o pai. Vê a escola como a chance de um futuro melhor. Nessa história, estamos em período de eleições e políticos fazem discursos demagógicos, que enganam a população. Viu como Brasil e Índia têm muitas semelhanças?

| Crianças indianas indo para a escola, Puri, 2009.

Steve Estvanik/Shutterstock.com

Sérgio Rizzo. Brasil, Índia e as crianças. *Folha de S.Paulo*. Folhinha. FOLHAPRESS. Disponível em: <www1.folha.uol.com.br/fsp/folhinha/dicas/di22091203.htm>. Acesso em: dez. 2015.

Fici: sigla de Festival Internacional de Cinema Infantil.

Fonemas

Para que possamos escrever as palavras, usamos as **letras**. Já para falá-las, juntamos os sons de cada letra. A cada som, dá-se o nome de **fonema**.

Agora que você já sabe a diferença entre letra e fonema, faça as atividades a seguir.

1 A palavra "super-herói" tem o mesmo número de letras e de fonemas? Justifique.

_____

_____

_____

2 Leia o trecho a seguir e, depois, indique se as afirmativas são verdadeiras (**V**) ou falsas (**F**).

Jeito de ser

[...]
Se você fosse uma casa, que tipo de casa gostaria de ser?
Uma casa bem grande, com lugar pra muita gente?
Uma casa pequena lá no alto da serra?
Uma casa alegre, com bichos e plantas?
Uma casa bem gostosa,
com jardim e quintal?
Uma casa antiga, com
lareira e chaminé?
Uma casa de pau a pique
uma casa de sapê?
[...]

Nye Ribeiro. *Jeito de ser*. São Paulo: Editora do Brasil, 2013. p. 4-5.

a) ☐ Em "casa" e "gostosa", a letra **s** tem o mesmo fonema.

b) ☐ Em "pequena" temos a mesma quantidade de letras e de fonemas.

c) ☐ Em "chaminé" a letra **h** modifica o fonema da letra **c**.

d) ☐ Há diferença de fonema entre as letras destacadas nas palavras **s**e**rr**a e la**r**eira.

e) ☐ A palavra "pique" apresenta cinco letras e quatro fonemas.

> **Fonemas** são as menores unidades de som, capazes de distinguir as palavras de uma língua.

3 Os dicionários também costumam fornecer informações sobre fonemas. Veja o verbete:

> **pla.ne.toi.de** [ó] *s.m.* pequeno corpo celeste que gravita em torno do Sol; asteroide.

Antônio Houaiss. *Houaiss eletrônico.* Versão 2009.5. Rio de Janeiro: Objetiva, 2010. CD-ROM.

Escreva nos quadros a pronúncia correta das letras em destaque. Se necessário, consulte o dicionário.

a) ☐ pedreg**o**so   c) ☐ **o**lhos   e) ☐ quint**e**to   g) ☐ gr**o**sso

b) ☐ mor**e**ia   d) ☐ sal**e**ta   f) ☐ centop**e**ia   h) ☐ **e**rro

4 Complete os trava-línguas com uma ou duas palavras que combinem. Fique atento aos fonemas que se repetem.

a) O que é que Cacá quer? Cacá quer caqui. Qual caqui que Cacá quer? Cacá quer qualquer caqui

_____.

b) O sabiá não sabia
   Que o sábio sabia
   Que o sabiá não sabia assobiar

_____.

c) O rato roeu a roupa do rei de Roma.

   A rainha com raiva resolveu remendar

_____.

5 Leia as palavras do quadro em voz alta. Circule aquelas em que o **u** em destaque não apresenta fonema.

guitarra – água – queijo – linguiça – aguentar

guerra – queixo – aquilo – arquipélago – tranquilo

alguém – ninguém – quente – mangueira – aguado

Língua: Gramática

Onomatopeias

1 Dá-se o nome de onomatopeias às palavras criadas para reproduzir sons ou ruídos. Nos itens a seguir, escreva a que se referem as onomatopeias.

a)

_____

_____

c)

_____

_____

b)

_____

_____

d)

_____

_____

2 Essas onomatopeias são formadas:

a) ☐ pela junção de vários fonemas.

b) ☐ pela repetição do mesmo fonema.

Reportagem

O **Texto 2** apresenta semelhanças e diferenças entre as crianças que vivem no Brasil e na Índia. Para fornecer essas informações, o jornalista se baseia em três filmes exibidos no Festival Internacional de Cinema Infantil que retratam o cotidiano de crianças indianas.

Será que essa reportagem relata todas as informações que podemos conhecer sobre as crianças indianas?

É isso que você investigará agora.

| Crianças indianas, Rajastão, Índia, 2014.

Preparação

- Você assistirá ao trecho de um documentário chamado *O buraco do muro*, produzido no ano de 1999, pelo professor Sugata Mitra, da Universidade de Newcastle, no Reino Unido.

- Durante a exibição do documentário, tome nota das informações que você julgar importantes.

- Para assistir, acesse o *link*: <http://tvuol.uol.com.br/video/inclusao-digital-o-buraco-no-muro-040218366CE4A97307/ilha-tematica-38>. Acesso em: out. 2015.

- Agora, considerando as características das reportagens impressa e digital, escolha uma das duas modalidades e escreva sua própria reportagem, com o tema:

> **Quais são as diferenças e semelhanças entre as crianças indianas e brasileiras?**

Escrita

- Faça primeiro um rascunho do texto.

- Elabore uma introdução usando as informações que você coletou sobre a Índia até agora.

- Pense no leitor de seu texto: seus familiares ou amigos.

- Relate as informações de modo imparcial, ou seja, sem expor sua opinião. Cuidado com a utilização de adjetivos, como **legal**, **bonito** e **interessante**, pois eles podem marcar sua opinião, e com construções que possam envolver sentimentos, pois elas deixam o texto pouco objetivo.

- Lembre-se de que seu leitor pode não conhecer a Índia; por isso, explique hábitos culturais específicos que você queira que ele conheça ou que sejam necessários para a compreensão do texto.

Revisão e reescrita

- Ao finalizar a tarefa, releia sua redação a fim de identificar alguns erros no texto e melhorá-lo.

- Passe a redação a limpo com letra legível e fique atento aos erros de ortografia.

- Veja a seguir algumas dicas que podem ajudá-lo na hora da revisão.

  I. Evite a repetição de **e** nas frases. Muitas vezes, no lugar de vírgulas, usamos **e** em excesso, por exemplo: "As crianças brincam e estudam e ajudam os pais". Poderíamos escrever essa frase de outra maneira, por exemplo: "As crianças brincam, estudam e ajudam os pais".

  II. Evite a repetição de palavras para não criar eco no texto: consulte o dicionário ou peça ajuda ao professor para encontrar sinônimos.

  III. Não use termos ou expressões como "pra", "pro", "etc.", "tava" ou "tá bom". É importante escrever as palavras de forma completa e sem abreviações.

  IV. Aprenda a avaliar seu texto. Complete a tabela a seguir assinalando a coluna de acordo com a leitura e análise que você fará de seu próprio texto.

	Sim	Não
Organizei meu texto em parágrafos?		
Evitei os adjetivos **legal**, **bonito** e **interessante**?		
Usei corretamente as vírgulas, evitando a repetição de **e**?		
Escrevi as palavras completas, sem abreviação e de acordo com a ortografia?		
Evitei a repetição de palavras?		
Desenvolvi o assunto solicitado?		

 Texto 1

Letra de canção

Leia a seguir a letra da canção "Pé com pé". Se possível, você pode assistir ao videoclipe animado dessa música, da dupla Palavra Cantada, para conhecer a melodia: <www.youtube.com/watch?v=EmvwcSr_L5Q> (acesso em: out. 2015).

Pé com pé

Acordei com o pé esquerdo
Calcei meu pé de pato
Chutei o pé da cama
Botei o pé na estrada
Deu um pé de vento
Caiu um pé-d'água
Enfiei o pé na lama
Perdi o pé de apoio
Agarrei num pé de planta
Despenquei com pé descalço
Tomei pé da situação

Tava tudo em pé de guerra
Tudo em pé de guerra

Pé com pé, pé com pé, pé com pé
Pé contra pé

Não me leve ao pé da letra
Esta história não tem pé nem
Cabeça

Vou dar no pé/Pé-quente
Pé ante pé/Pé-rapado
Samba no pé/Pé na roda
Não dá mais pé/Pé chato
Pegar no pé/Pé de anjo
Beijar o pé/Pé-de-meia
Meter o pé/Pé de moleque
Passar o pé/Pé de pato
Ponta do pé/Pé de chinelo
Bicho-de-pé/Pé de gente
Fincar o pé/Pé de guerra
De orelha em pé/Pé-atrás
[...]

Sandra Peres e Paulo Tatit; *Palavra Cantada*. Pé com pé. Disponível em: < http://issuu.com/palavracantada/docs/1._p___com_p__/1?e = 13254380/9035685 >. Acesso em: out. 2015.

Os diferentes significados das palavras

1 Por que a canção se chama "Pé com pé"?

_____

_____

_____

2 Perceba que a letra faz referência a várias expressões que falam sobre o pé de uma forma não literal, como "acordei com o pé esquerdo", que quer dizer ter azar, e "calcei meu pé de pato", que faz referência a um equipamento de mergulho. Que outras expressões contidas na letra da música também não são literais?

_____

_____

_____

> **Sentido literal**: quando a palavra é usada em seu sentido próprio.
> Por exemplo: O leão é uma **fera**.
> **Sentido não literal**: por meio de uma comparação, a palavra não é usada em seu sentido próprio.
> Por exemplo: Meu pai vai ficar uma **fera**.

3 Existem expressões na língua portuguesa que se referem a partes do corpo em sentido figurado, como "cabeça de alho", "dente de alho", "pimenta dedo-de-moça", "olho-de--peixe", entre outras. Procure o significado de duas dessas expressões e transcreva-os.

_____

_____

_____

4 Com base na questão anterior, faça uma pesquisa perguntando a seus pais ou familiares se conhecem outras expressões da língua portuguesa que também façam referência ao corpo humano. Depois, anote-as aqui.

_____

_____

_____

5 Escolha duas expressões que foram usadas na letra da canção e ilustre-as nos quadrinhos a seguir. Do lado esquerdo, faça um desenho com o significado não literal, de acordo com a maneira que usamos a palavra. Do lado direito, desenhe o sentido literal da palavra.

Exemplo: _____ Pé de pato _____

a) Expressão 1: _____

b) Expressão 2: _____

6 Invente uma nova expressão que faça referência a uma parte do corpo. Pense num significado figurado e em outro literal para ela. Depois disso, faça uma ilustração para cada um dos sentidos dessa expressão que você criou.

Expressão: _____

Sentido figurado

Sentido literal

7 Se o verso "Acordei com o pé esquerdo" indica falta de sorte, os versos que comprovam essa ideia são:

Verso é cada linha de um poema.

a) ☐ Chutei o pé da cama.

b) ☐ Botei o pé na estrada.

c) ☐ Enfiei o pé na lama.

d) ☐ Perdi o pé de apoio.

e) ☐ Despenquei com pé descalço.

f) ☐ Tomei pé da situação.

g) ☐ Samba no pé/Pé na roda.

h) ☐ Calcei meu pé de pato.

8 Para você, o que seria "acordar com o pé esquerdo"? Pense em uma situação e descreva-a.

_____

_____

_____

_____

_____

9 Leia a expressão em destaque nas frases a seguir e explique seu significado. Depois, usando as regras de uso, justifique por que uma é escrita com hífen e a outra não.

> **I.** Nas férias de verão, Lucas pegou **bicho-de-pé** na praia.
>
> **II.** No aniversário de Lucas, havia **bicho de pé**, brigadeiro e quindim.

_____

_____

_____

_____

_____

_____

10 Na língua portuguesa, há muitas palavras e expressões que apresentam mais de um significado. Indique dois significados para as palavras a seguir. Se necessário, pesquise, mas lembre-se de usar fontes confiáveis: nem sempre as informações encontradas na internet são corretas.

a) manga: _____

_____

b) banco: _____

_____

c) tênis: _____

_____

d) folha: _____

_____

e) pilha: _____

_____

 **Texto 2**

 # Poema

Leia mais um trecho da obra *Jeito de ser*. Preste atenção no significado das palavras.

Jeito de ser

[...]
Se você fosse uma pedra, que tipo de pedra gostaria de ser?

Uma pedra bem grande lá no alto do morro?
Uma pedra pequena na beira da praia?
Uma pedra escondida no fundo do mar?
Pedra mole ou pedra dura?
Redonda ou pontuda?

Uma pedra brilhante, pedra preciosa...?

Uma pedra no caminho...?
[...]
Se você fosse uma flor, que tipo de flor
gostaria de ser?

Uma flor perfumada de pétalas macias?
[...]
Um botão de rosa, ou amor-perfeito?
Uma margarida, ou um girassol?
Florzinha do mato, na beira da estrada...?
Uma flor do jardim?
[...]

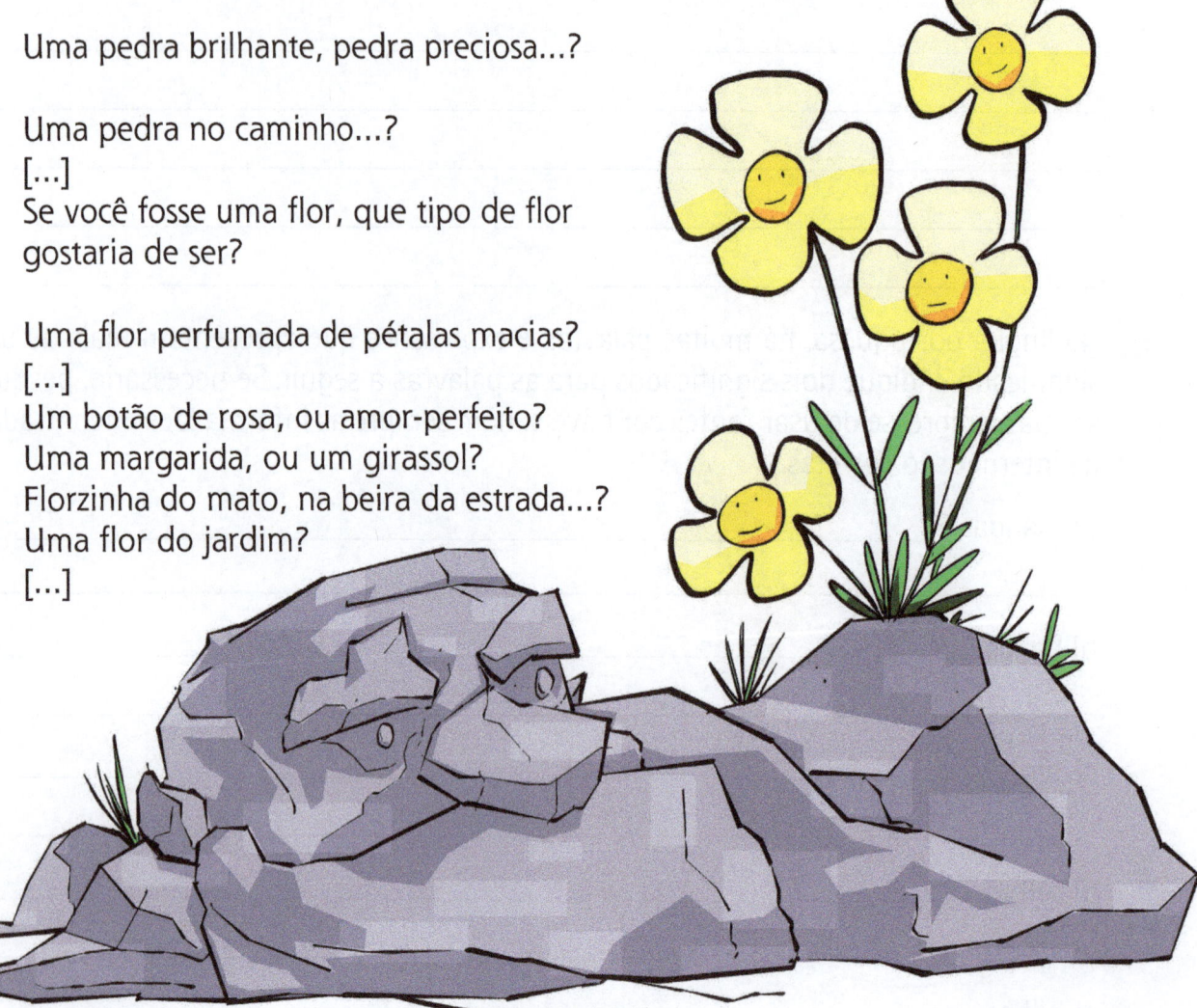

Nye Ribeiro. *Jeito de ser*. São Paulo: Editora do Brasil, 2013. p. 10-11, 16 e 19.

1 Para formar os versos sobre a pedra, a autora usa palavras de significados contrários. Indique o verso em que a autora brinca com essa oposição de significados, criando uma ideia divertida, porém impossível. Explique o porquê dessa impossibilidade.

_____

_____

_____

2 Em "botão de rosa", que palavra apresenta outro significado, além do empregado no texto? Explique.

_____

_____

_____

3 Encontre no texto e indique a seguir dois nomes de flores formados da junção de duas palavras.

_____

• Qual dessas palavras apresenta significado próximo ao literal das que a formaram? Por quê?

_____

_____

_____

_____

4 Nos versos do poema que você leu, há três que levam **reticências**. Releia-os.

> Pedra preciosa...?
> Uma pedra no caminho...?
> [...]
> Florzinha do mato, na beira da estrada...?

Apesar de serem perguntas, por terminarem com ponto de interrogação, qual efeito de sentido as reticências proporcionam?

_____

_____

_____

_____

 Pontuação

Leia a tirinha de Calvin para responder às questões a seguir.

Tirinha *Calvin & Haroldo*, de Bill Watterson.

1 Por que no primeiro quadrinho dessa tirinha foram usadas aspas?

_____
_____
_____
_____

2 Por que no segundo quadrinho foi usado o sinal de interrogação?

_____
_____
_____

3 Note que o terceiro quadrinho da tirinha não tem nenhum balão de fala. Crie duas falas para o narrador, que façam sentido na tirinha, e escreva-as nas linhas da página seguinte. Explique, nas linhas, os sentidos dos sinais de pontuação que você usou.

Por exemplo:

> ENTÃO, CALVIN E HAROLDO OLHARAM MAIS UMA VEZ
> PARA AQUELA LIÇÃO DE CASA...

Nesse exemplo, foram usadas reticências para dizer que a história continuaria depois daquele texto. Elas indicam a continuação da história.

a) Fala 1:

b) Fala 2:

▶ Encontros vocálicos e divisão silábica

4 Leia em voz alta as palavras a seguir retiradas da tirinha de Calvin e responda às questões.

que – eu

a) Nas duas palavras aparecem vogais, uma ao lado da outra?

- ☐ Sim.   • ☐ Não.

b) Nas duas palavras, a vogal **u** é pronunciada, ou seja, o fonema da vogal é pronunciado? Justifique sua resposta.

- ☐ Sim.   • ☐ Não.

c) De acordo com o que aprendeu, você diria que há encontro vocálico na palavra **equivale**? Justifique sua resposta.

_____

_____

5 Leia o início do cordel "A lenda de como surgiu a voz do papagaio".

Já contei muitas histórias
De **quelônio** e de felino,
Mas agora é uma lenda
Que no verso eu afino,
Pra dizer de um papagaio
Que antes era um menino.

Não se assuste, meu leitor,
Nem despreze a poesia;
É que a voz do papagaio
No passado não existia,
Afinal, lendas misturam
O real com a fantasia.

O menino era guloso
E comia sem parar;
Adorava engolir,
Sem ao menos mastigar,
O que visse pela frente
Para a fome saciar.

[...]

> **Quelônio:** répteis representados pelas tartarugas, cágados e jabutis.

César Obeid. A lenda de como surgiu a voz do papagaio. *Cordelendas*. São Paulo: Editora do Brasil, 2014. p. 11.

Cordel é um texto em versos, muito comum no Nordeste do Brasil, embora sua origem seja portuguesa.

Por meio de versos e rimas, o cordel conta histórias que podem ser de feitos heroicos ou de luta do bem contra o mal (maniqueísmo). Recebe esse nome porque vem na forma de livretos que ficam expostos em cordinhas para serem vendidos, numa espécie de varal.

Livros de cordel expostos.

Gravuras entalhadas na madeira e carimbadas em papel.

Na maioria os cordéis são ilustrados com um tipo de desenho bem peculiar chamado xilogravura.

Além de lido, o cordel pode ser também recitado de forma melodiosa e cadenciada, acompanhado de viola, para chamar a atenção de possíveis compradores.

a) A história narrada no cordel é fantasiosa? Justifique sua resposta com informações do texto.

_____

_____

_____

_____

b) Leia as palavras do quadro e circule apenas os encontros vocálicos. Atenção às vogais **u** não pronunciadas (não é encontro vocálico).

> histórias – quelônio – papagaio – meu – leitor – saciar – poesia

c) A palavra "papagaio" é polissílaba, pois tem quatro sílabas. Fale essa palavra pausadamente e encaixe as sílabas nos balões.

Na palavra "papagaio" há o encontro de três vogais (**a - i - o**), mas elas não ficam juntas na mesma sílaba.

Quando, no encontro vocálico, duas vogais ficam na mesma sílaba, dá-se o nome de **ditongo**.

Agora, se no encontro vocálico as vogais ficam em sílabas separadas, dá-se o nome de **hiato**.

Pode acontecer também de haver um encontro de três vogais e as três ficarem na mesma sílaba, conhecidas como **tritongo**. Veja:

Paraguai: Pa-ra-g**uai**

d) Sendo assim, na palavra "papagaio" temos:

- ☐ apenas ditongo.
- ☐ apenas hiato.
- ☐ ditongo e hiato, respectivamente.
- ☐ ditongo e hiato, respectivamente.
- ☐ tritongo.

e) Separe as sílabas das palavras do quadro do item **b**, na ordem em que aparecem, e informe se o encontro vocálico é ditongo, hiato ou tritongo. Observação: não precisa separar as sílabas de "papagaio".

Separação silábica	Classificação do encontro vocálico

f) No trecho do cordel, há alguns versos que terminam com palavras que têm hiato (poes**ia**, exist**ia**, fantas**ia**, com**ia**, sac**iar**). Isso ocorre:

- ☐ para dar ritmo ao texto, já que se trata de um cordel.

- ☐ porque é assim que todos os versos, de todos os poemas, devem terminar.

- ☐ porque apenas palavras que têm hiato rimam.

6 Responda à charada e descubra mais uma palavra com tritongo.

> O que é, o que é?
>
> Um país que já fez parte do Brasil.
>
> Lá se come muito churrasco;
>
> Melhor nunca ninguém viu.
>
> Adivinha.

7 Complete a fala da menina com uma palavra que tem tritongo. Atente-se à palavra em destaque na fala da mãe.

Tirinha

Preparação

Releia a tirinha de Calvin e Haroldo da página 28. Observe que o humor dela está relacionado a um problema de significação de palavras. A palavra "onça" apresenta dois significados distintos. No primeiro quadrinho, ela equivale à medida de volume. Uma onça líquida britânica equivale a 28,4130625 mililitros. Mas, no Brasil, "onça" faz referência a um animal de nossa fauna, que ilustra a nota de 50 reais. A libra esterlina é a moeda atual do Reino Unido.

Elaboração

Agora crie uma tirinha com base na mesma ideia: dois personagens vivem uma situação engraçada por conta de uma confusão causada pelos sentidos de uma palavra ou expressão.

Os personagens podem ser você mesmo e um amigo imaginário representado por um animal, assim como nas histórias de Calvin e Haroldo.

O que é necessário para elaborar uma tirinha?

- A história é desenhada em quadros e deve ter um enredo, ou seja, uma sequência coerente que forme começo, meio e fim. Ela é concisa e costuma ocupar até quatro quadros.

Elementos opcionais

- Desenhos e balões de fala (ou de pensamento, de grito...); pode haver uma história formada apenas com sequência de imagens.
- Onomatopeias, que são palavras criadas para representar sons ou barulhos: POF, BUM, CABRUM, CHUAC, BUÁ etc.

Escreva no caderno a ideia de sua tirinha e, depois, use o quadro a seguir para compor sua tira.

Texto 1

Reportagem

Leia a reportagem a seguir.

Retratos de família contemporâneos, por John Clang

Na Cingapura, as famílias têm a tradição de eternizar ocasiões importantes reunindo-se para uma fotografia formal. Muitas vezes feita em estúdio, a foto costuma ser emoldurada e exibida com orgulho na parede da casa. Entretanto, com a crescente emigração no país, cada vez mais os jovens dessas famílias partem para tentar a vida em outras cidades, deixando uma lacuna nesses retratos. Na busca por uma solução a esse problema, o fotógrafo local John Clang usou a tecnologia para desenvolver um tipo particular de retrato de família, mesclando imagens reais e projeções digitais. Utilizando o recurso de videochamada do Skype, que já facilita há anos o contato e a comunicação entre entes que vivem separados, Clang projeta a imagem captada pela *webcam* em uma parede, posiciona os parentes ao lado dessa projeção e fotografa as famílias reunidas. Não há necessidade de Photoshop.

Morador de Nova Iorque, Clang fez os primeiros testes com sua própria família. Depois, usou a internet, embaixadas e recomendações de amigos para encontrar cingapurenses interessados em fazer parte das próximas imagens. Uma delas foi encomendada por Alexia Wai-Chun Tye, uma economista que vive em Paris desde 1999. Sua filha de 24 anos, Stephanie Chi-Eeng Tsui, cresceu lá e foi educada em Londres, mas voltou à Cingapura para trabalhar na agência Saatchi & Saatchi. Tye conta que fazer a imagem foi como participar de um "encontro de família virtual". Um dos detalhes mais interessantes, além da alegria que caracteriza muitos desses rituais, é que os membros dessas famílias podem até estar acostumados a verem-se por retratos ou pela tela de um computador, mas não escondem a satisfação ao enxergarem-se lado a lado.

Centro de Fotografia ESPM. Disponível em: <http://foto.espm.br/index.php/noticias/retratos-de-familia-contemporaneos-por-john-clang>. Acesso em: out. 2015.

1 No início do texto, a reportagem se refere a uma prática tradicional de Cingapura. Qual é ela?

_____

_____

_____

_____

2 Qual fato fez com que muitos membros das famílias cingapurenses acabassem se distanciando?

_____

_____

_____

_____

3 Qual foi a solução criada por John Clang para ajudar a manter a tradição dessas famílias?

_____

_____

_____

_____

_____

4 O texto fala de costumes e situações que ocorrem nas famílias cingapurenses. Cite alguns fatos que também podem acontecer nas famílias brasileiras.

_____

_____

_____

_____

_____

5 É comum povos e famílias terem tradições e costumes próprios. Pergunte a seus pais ou responsáveis se eles trazem algum costume ou tradição de seus antepassados e qual é ele. Depois, escreva a seguir o que eles relataram.

_____

_____

_____

_____

_____

6 Cingapura é um país localizado em um continente chamado Ásia. Encontre o continente no mapa e pinte-o.

Mapa-múndi

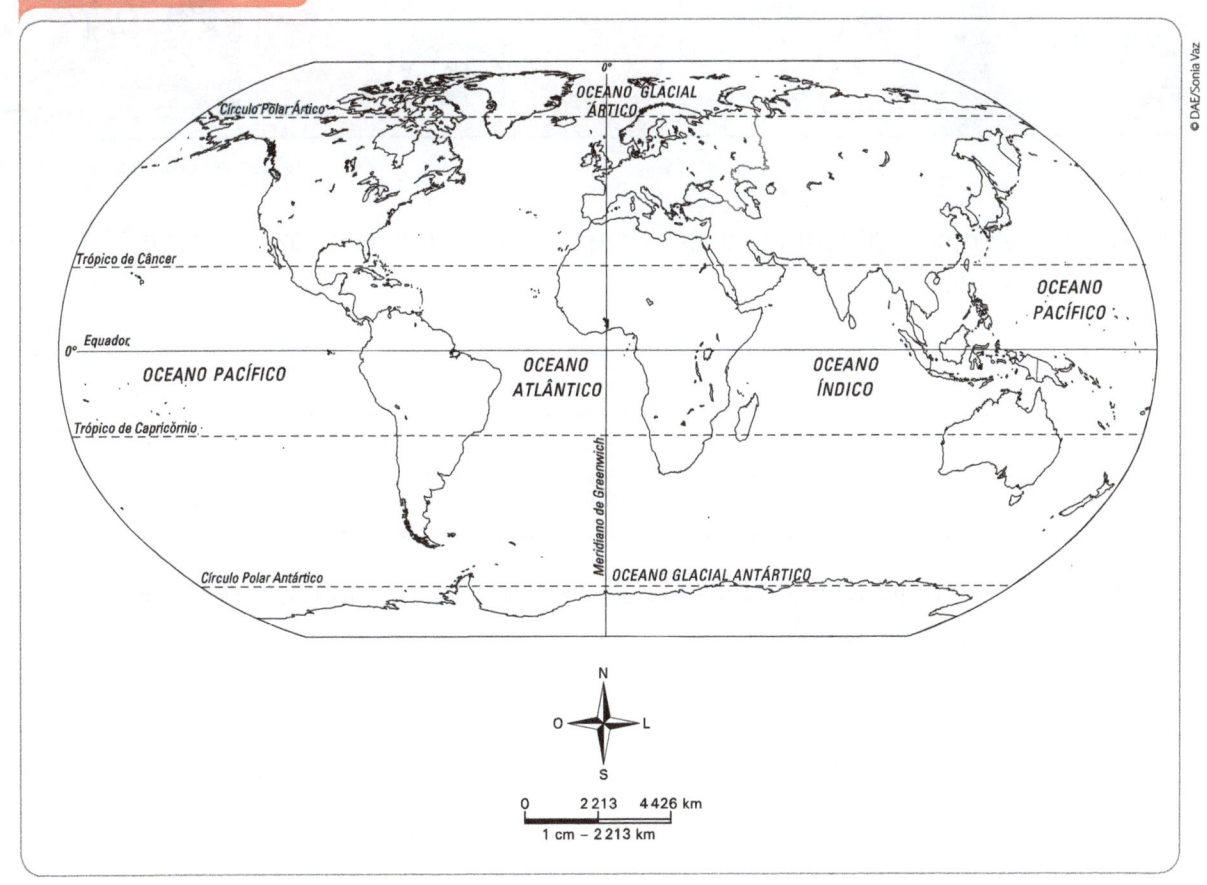

Fonte: *Atlas geográfico escolar*. 6. ed. Rio de Janeiro: IBGE, 2012. p. 32.

a) Faça uma seta ligando o continente onde nós moramos à Ásia.

b) É possível concluir que:

• ☐ Cingapura fica perto do Brasil.

• ☐ Cingapura fica longe do Brasil.

Língua oral e língua escrita

Leia a história em quadrinhos do Menino Maluquinho, criada por Ziraldo.

HQ *O Menino Maluquinho*, de Ziraldo.

1 Onde o Menino Maluquinho e sua amiga estão? O que eles fazem depois? Como você chegou a essa conclusão?

_____

_____

_____

_____

2 Na história em quadrinhos é usada uma onomatopeia. Qual é ela? O que ela indica e em que situação ocorre?

_____

_____

_____

_____

3 Por que o Menino Maluquinho diz à amiga que ela "estragou tudo"?

_____

_____

_____

_____

4 Releia o trecho a seguir:

> — Vi! Que **finesse**! Só falta dizer se gostou da comida!

• Reescreva essa fala substituindo a palavra em destaque por outra, sem que haja alteração de sentido.

_____

_____

5 No último quadrinho, Maluquinho utiliza linguagem coloquial, informal, ou seja, a que usamos no dia a dia com pessoas que nos são íntimas. Por isso, ele usa o termo reduzido "tava", que é recorrente na linguagem oral. Como esse termo deve ser escrito?

_____

Há algumas expressões que usamos na fala, mas que não são adequadas a todas as situações de escrita. Alguns textos são mais formais, como cartas comerciais (usadas em ambiente de trabalho), currículos e trabalhos escolares. Nesses textos, expressões como "pra", "pro", "né", "tava", "tá", "tá bem" e "cê" devem ser escritas de acordo com a norma-padrão: "para", "para o", "não é", "estava", "está", "está bem" e "você".

6 Assinale a alternativa correta: O termo "tava" aparece na tirinha porque:

a) ☐ o Maluquinho não sabe falar corretamente.

b) ☐ é uma fala de personagem, ou seja, é uma representação da linguagem oral.

7 Assinale as alternativas corretas. A linguagem informal é adequada nos seguintes tipos de texto:

a) ☐ bilhete para um amigo;

b) ☐ mensagem em rede social;

c) ☐ *e-mail* ao diretor da escola;

d) ☐ carta de solicitação de emprego;

e) ☐ trabalho de conclusão de curso;

f) ☐ história em quadrinhos.

 Poema

Leia o poema "Preguiça", de César Obeid.

Preguiça

Eu fui à Amazônia
E dei uma risada,
Pois vi a preguiça
Cruzando a estrada.

No chão se arrastava,
Um bicho engraçado,
Que esforço fazia
Pra ir ao outro lado.

Que desengonçada,
Que unhas gigantes!
Porém fiquei sério,
Não mais como antes.

Pensei se a estrada
Cruzou a floresta,
Para a preguiça
Findou-se a festa.

Se a estrada acaba
Com a sua morada,
Pra onde que vai
A pobre coitada?

E então me disseram
Que ama embaúba,
Mas como ela faz
Se o homem a derruba?

César Obeid. Preguiça. *Cores da Amazônia*. São Paulo: Editora do Brasil, 2015. p. 28.

1 Logo que viu a preguiça caminhando pela estrada, o eu lírico considerou a cena engraçada, mas ficou sério e pensativo. Em sua opinião, o que causou essa mudança de atitude?

_____

_____

_____

2 Releia:

> **Pra** ir ao outro lado.

a) A expressão em destaque é bastante comum na linguagem informal. De acordo com as normas urbanas de prestígio, que palavra deve ser usada no lugar de "pra"?

_____

b) Reescreva o verso substituindo "pra" pela palavra usada de acordo com as normas urbanas de prestígio. Faça as alterações necessárias.

_____

3 No final do poema, o eu lírico demonstra preocupação com o futuro do bicho preguiça, pois seu hábitat está sendo destruído pelo ser humano. Escreva no caderno algumas atitudes que contribuem para a preservação ambiental. Você pode consultar a internet, mas lembre-se de escolher fontes confiáveis.

Língua: Ortografia

Acentuação de palavras

1 Leia em voz alta as palavras do quadro a seguir. Elas foram retiradas do poema que você acabou de ler.

> preguiça – Amazônia – morada – chão – esforço – risada
> embaúba – gigantes – bicho – floresta – ama – desengonçada

É possível notar que todas as palavras têm **sílaba tônica**. Como você estudou anteriormente, a sílaba tônica é aquela pronunciada com mais intensidade.

- Circule a sílaba tônica das palavras do quadro.

Agora vamos relembrar o porquê de algumas sílabas tônicas receberem acento gráfico e outras não.

Oxítonas (palavras cuja última sílaba é a tônica)

- Acentuam-se as oxítonas terminadas em: **-a**, **-e**, **-o**, seguidas ou não de **-s**.
  Por exemplo: jacarandá, café, cipó.
- Acentuam-se as oxítonas terminadas em: **-em** ou **-ens**.
  Por exemplo: parabéns, alguém.

Paroxítonas (palavras cuja penúltima sílaba é tônica)

- Acentuam-se as paroxítonas terminadas em:
  -i/-is: táxi, tênis;
  -ã/-ãs: órfã, ímãs;
  -ao/-ãos: bênção, órfãos;
  -us: vírus, bônus;
  -l, -n, -ps, -r, -x: amável, pólen, fórceps, repórter, látex;
  -um/-uns: fórum, álbuns.
- Acentuam-se as paroxítonas terminadas em **ditongo**.
  Por exemplo: história, lírio, água.

Grãos de pólen.

Observação:

Há gramáticos que classificam essa última regra não como paroxítonas terminadas em ditongo, mas como proparoxítonas aparentes. Desse modo, há duas separações silábicas a considerar:

> his-tó-ri-a   his-**tó-ria**

Proparoxítonas (palavras cuja antepenúltima sílaba é tônica)

- Todas as palavras proparoxítonas são acentuadas.
  Por exemplo: matemática, gramática, médico, prático, poético, sílaba.

2 De acordo com as regras de acentuação apresentadas, que palavras do texto levam acento gráfico por serem proparoxítonas?

_____

_____

_____

Encontros consonantais

3 Observe as palavras e responda às questões.

> pessoas – luas – estrelas

a) Em qual delas não há encontro vocálico?

_____

b) Nessa palavra, porém, aparecem duas consoantes seguidas. Quais são?

_____

> Dá-se o nome de **encontro consonantal** quando aparecem duas consoantes, uma seguida da outra, em uma palavra. É necessário que os fonemas de ambas as consoantes sejam pronunciados.
> **Observação**:
> Há algumas ocorrências que, como veremos no Capítulo 4, não são casos de encontro consonantal.

4 Observe a ilustração a seguir.

GRRRRRR

• O que representa o encontro consonantal usado na onomatopeia?

_____

_____

_____

 Divisão silábica

5 Leia o trecho a seguir.

O sumiço da Lua

O mundo inteiro **acordou** assustado. Aquela era a notícia que estava nos **jornais**, revistas, TV, internet e por toda parte.

— Como assim a lua sumiu? — era a pergunta que todos faziam. Quem olhou para o céu na noite anterior e não a viu achou que fosse **normal**; talvez ela estivesse escondida esperando o momento certo de **surgir** cheia e **brilhante**. Algumas pessoas nem perceberam que havia algo **estranho**.

Os **astrônomos**, **astrólogos** e curiosos souberam rapidamente que a lua não estava onde deveria estar.

Manuel Filho. *O sumiço da Lua*. São Paulo: Editora do Brasil, 2014. p. 6.

a) Reproduza as palavras em destaque e separe suas sílabas.

_____

_____

_____

_____

_____

_____

_____

_____

_____

b) Por meio da atividade anterior, é possível concluir que as consoantes que formam encontros consonantais:

- ☐ ficam sempre na mesma sílaba.

- ☐ podem ou não ficar na mesma sílaba.

- ☐ ficam sempre em sílabas separadas.

c) De acordo com o trecho lido, que problema aflige as pessoas do mundo todo?

_____

_____

d) Veja as ilustrações das representações das capas de jornais e copie a manchete que se associa ao trecho lido.

_____

Na palavra "abduzida", há um caso de consoante não seguida de vogal: a consoante **b**. Geralmente, quando isso ocorre, as consoantes do encontro consonantal ficam em sílabas separadas. Observe:

- ab-du-zi-da

Se a consoante não seguida de vogal estiver no início da palavra, não se separa:

- psicólogo: psi-có-lo-go
- pneumático: pneu-má-ti-co

6 Separe as sílabas das palavras a seguir.

a) helicóptero: _____

b) opção: _____

c) observação: _____

d) aptidão: _____

e) ritmo: _____

f) gnomo: _____

g) psiquiatria: _____

h) eucalipto: _____

i) cacto: _____

j) técnico: _____

Carta ficcional

Agora você produzirá uma **carta ficcional**.

> **Cartas ficcionais** são textos que usam o modelo tradicional de escrita de cartas para criar uma ficção, uma história inventada, com pessoas ou personagens que não existem.

Preparação

- Crie um personagem fictício, que se mudou com a família para outro estado brasileiro, mas que gostaria de manter contato com um parente ou amigo que ficou na antiga cidade. Para isso, seu personagem deverá mandar uma carta a esse parente ou amigo contando como é o estado em que ele mora atualmente.

- Pense na forma como você escreverá: em um tom mais sério ou mais brincalhão? Você utilizará um registro escrito formal ou informal? O tom da carta será intimista?

> Lembre-se de que a carta deverá ser escrita em primeira pessoa, da perspectiva de seu personagem.

- Escolha o estado para o qual o personagem teria se mudado.

- Para contar como é esse estado, é necessário que você pesquise informações sobre ele. Pode-se obter informações confiáveis no *site* do Instituto Brasileiro de Geografia e Estatística (IBGE). Para tanto, acesse, nas seções do lado esquerdo da página do IBGE, informações sobre o território e o povo brasileiro: <http://7a12.ibge.gov.br/vamos-conhecer-o-brasil> (acesso em: out. 2015). Selecione e anote em um rascunho alguns dados para embasar sua carta.

Escrita

- Faça um rascunho de sua carta nas linhas desta seção antes de passar sua carta a limpo em uma folha à parte.

- Utilize as informações que descobriu em sua pesquisa para narrar na carta como é o estado em que o personagem mora atualmente.

- Preste atenção nos elementos formais da carta: vocativo, data, local, saudação inicial e final etc.

Revisão

Relembre na página ao lado alguns conteúdos que você já estudou.

Mmmmm, mm/mm/mmmm.	local e data
Mmmmmmmm,	destinatário
Mmm mmmmmmm mmmmm mmmmmmm mmm mm mmmmmmmm.mmm mmmmmmmm Mmmmm mmmmm mmmmm m mmmmm, mmm mmmmm, m mmmmm.mmm mmmmm mmmmm mmmmm	conteúdo da carta
Mmmmmmmmmmmmmm,	despedida
Mmmmmmmm Mmmmmmm	remetente

- Antes de finalizar a carta, faça uma revisão no conteúdo, verificando se você o estruturou de maneira adequada.
- Ao término da atividade, leia sua produção a familiares e amigos e peça a opinião deles.

_____

_____

_____

_____

_____

_____

_____

_____

_____

_____

_____

Mensagem de voz

Preparação

Você também tem familiares ou amigos que não vê há algum tempo? Que tal enviar um registro oral a seu familiar ou amigo?

- Primeiro, escolha um familiar ou amigo que você não vê há algum tempo. Se você não se lembrar de nenhum, peça ajuda a seus pais e identifiquem juntos alguém para quem você possa enviar a mensagem de voz.

Gravação

- Antes de começar a gravação, liste informações sobre o que você falará e ensaie uma vez. Preste atenção em aspectos da construção de textos orais, como a importância de evitar vícios de fala para não cansar o ouvinte.

- Depois disso, utilize um gravador de voz, como os aplicativos disponíveis em telefones celulares, e grave uma mensagem para essa pessoa.

- Na mensagem, relembre um fato engraçado, curioso ou emocionante que vocês tenham vivido juntos.

- Depois, envie o áudio para a pessoa escolhida.

Estreitar laços com nossos amigos e familiares é importante para nosso bem-estar. E uma das utilidades das tecnologias é aproximar as pessoas; por isso, aproveite positivamente essas ferramentas.

 **Texto 1**

 **Biografia**

Leia a minibiografia de Samantha Reed Smith, a embaixadora mais nova que os Estados Unidos já tiveram.

Samantha Smith (1972-1985)

Samantha Reed Smith foi uma garota norte-americana conhecida por ser a embaixadora mais jovem da América.

Em novembro de 1982, durante a Guerra Fria entre Estados Unidos e União Soviética, a menina começou a se preocupar com a possibilidade de uma batalha nuclear. Por isso, escreveu uma carta a Yuri Andropov, o então líder soviético. Saman-

| Samantha Smith, em 1983.

tha tinha dez anos na época e queria entender por que as relações entre os dois países eram tão complicadas.

Embora ela não tenha recebido uma resposta, descobriu que sua carta foi publicada no jornal soviético Pravda. Então, enviou uma carta à embaixada da União Soviética nos EUA. A resposta de Andropov chegou algumas semanas depois.

Samantha Smith tornou-se a mais nova "Embaixadora da Boa Vontade" na União Soviética e ficou conhecida nos dois países. Ela estrelou em uma série de televisão e participou de um simpósio infantil no Japão. Morreu aos treze anos, em um acidente de avião.

Fonte de pesquisa: <www.samanthasmith.info>. Acesso em: out. 2015.

1 Quantos anos tinha Samantha Reed Smith quando escreveu a carta que a tornou famosa?

_____

2 Para quem Samantha escreveu essa carta? E por quê?

_____

_____

_____

_____

_____

_____

3 Quais outras informações sobre a vida de Samantha podemos conhecer quando lemos essa minibiografia?

_____

_____

_____

_____

_____

_____

4 A carta de Samantha foi respondida imediatamente?

_____

_____

_____

_____

5 Você conhece outras crianças que se tornaram conhecidas mundialmente por causa de suas ações, benéficas à humanidade, em relação a uma causa? Apresente brevemente essa criança e o motivo pelo qual ela ficou conhecida.

_____

_____

_____

_____

_____

_____

_____

_____

6 Quais características e elementos do texto o definem como uma minibiografia?

_____

_____

_____

_____

Guerra Fria é uma guerra na neve?

Não é isso, não!

A Guerra Fria durou de 1945 a 1991.

Os Estados Unidos e a antiga União Soviética disputavam poder, avanços tecnológicos e ideologia (tinham pensamentos muito diferentes e um disputava com o outro quem estava com a razão). Foi chamada de "fria" por ter sido mais uma luta de ideias do que de combates.

Bandeira dos Estados Unidos da América.

Bandeira da antiga União Soviética.

7 Considerando as informações do quadro anterior, sintetize em uma palavra o que Samantha queria que existisse no mundo.

_____

8 E você? O que faz para promover melhorias na sociedade? Pense em ações e atitudes do seu dia a dia e escreva a seguir.

_____

_____

_____

_____

_____

_____

 Substantivos

Leia agora a biografia de Sadako Sasaki, uma criança considerada notável.

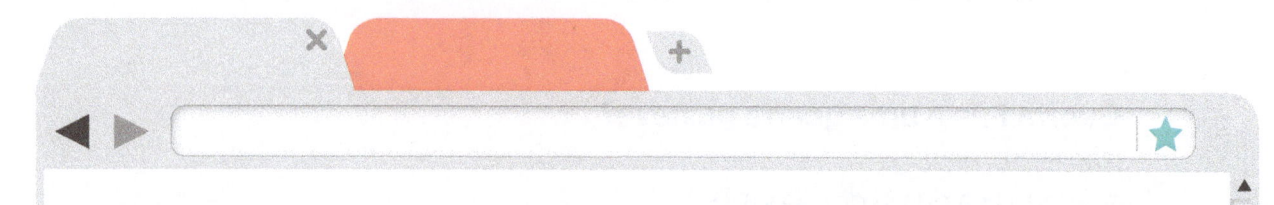

História de Sadako Sasaki e da Estátua das Crianças da Bomba Atômica

Para conhecer a história e o significado da ***Estátua das Crianças da Bomba Atômica***, primeiramente precisamos conhecer a **história de Sadako Sasaki**. A estátua foi uma homenagem a ela e a todas as crianças inocentes que morreram covardemente por causa da guerra e da bomba atômica de Hiroshima e de Nagasaki. É uma história que nos toca o coração e que vale a pena conhecer!

História de Sadako Sasaki
Sadako Sasaki nasceu durante a Guerra do Pacífico (Segunda Guerra Mundial).

A família de Sadako possuía uma barbearia e quando sua filha nasceu os Sasaki ainda não haviam escolhido um nome para ela. Um dos clientes da barbearia, especialista em nomes que trazem sorte e saúde, sugeriu que colocassem o nome "Sadako". Segundo ele, esse nome a faria crescer forte e saudável.

A Guerra muda a vida de todos
Conforme a guerra se arrastava, a vida das pessoas se tornava mais dura. No ano em que Sadako nasceu, seu pai foi convocado para o exército. [...] Depois de sua partida, a mãe de Sadako chamou parentes para ajudá-la a manter a barbearia.

[...]

6 de agosto de 1945
A primeira bomba atômica do mundo detonou no céu sobre Hiroshima. Era uma manhã quente de verão e aviões americanos sobrevoavam a cidade. De repente soaram sirenes para que as pessoas fugissem e se protegessem. Sadako, sua avó, sua mãe e seu irmão Masahiro estavam tomando café da manhã juntos quando foram surpreendidos por um clarão ofuscante e, logo em seguida, uma explosão estrondosa.

Nuvem negra

As paredes da casa caíram. Sadako e os outros foram jogados ao chão. Masahiro e a avó ficaram feridos, mas, milagrosamente, Sadako e sua mãe saíram ilesas. De alguma forma, todos escaparam com vida e fugiram em direção ao rio. Ao longo do caminho, a avó de Sadako retornou para pegar algo na casa. Ela nunca mais foi vista.

Os incêndios foram acendendo aqui e ali. Alguém ajudou a família, colocando-os em um bote para salvá-los do fogo. Enquanto a família estava no barco, a chuva começou a cair.

A chuva deixou manchas negras sobre as roupas de Sadako. O desespero e a sede eram tão grandes, que as pessoas bebiam a água negra da chuva.

1949-1954

Apesar de ser uma sobrevivente da bomba atômica, Sadako era uma criança cheia de energia, saudável, que nunca perdeu um dia na escola primária. Ela era educada e cuidava dos seus irmãos com muita ternura. Ela adorava cantar e praticava esportes. Realmente Sadako era uma criança prodígio.

O retorno da paz

A guerra terminou. Gradualmente, os edifícios foram construídos e as pessoas voltaram para a cidade onde o rumor se espalhou de que "nada vai crescer por 75 anos". A família Sasaki reabriu sua barbearia no centro de Hiroshima.

Logo, Mitsue, sua irmã mais nova nasceu. No ano seguinte, quando Sadako foi para o ensino médio,

Fotografia de Sadako Sasaki doada para a Assembleia Legislativa do Estado de São Paulo em setembro de 2015, para espalhar a mensagem de paz.

seu irmão mais novo Eiji nasceu. A família Sasaki tinha agora seis membros. Com os pais ocupados com a barbearia, manter a casa limpa e cuidar dos pequenos ficou ao comando dos filhos mais velhos, Sadako e Masahiro. Era normal as crianças ajudarem nas tarefas domésticas naqueles tempos.

[...]

1955 – Sadako vai para o hospital

Dez anos depois do bombardeio atômico, a vida voltou ao normal para a cidade de Hiroshima e seu povo. No entanto, logo depois de vencer o torneio de revezamento do seu grupo, houve sinais de que algo estava errado com Sadako. Ela pegou um resfriado e sentiu uma rigidez no pescoço.

Quando o frio foi embora, a rigidez ficou. O rosto de Sadako ficou todo inchado.

Após passar por vários exames, o médico disse: "Sadako tem leucemia". Ela tem um ano de vida no máximo.

Sadako foi transferida para o Hospital da Cruz Vermelha de Hiroshima. Sabendo da notícia, os amigos de Sadako do grupo de corrida discutiram o que poderiam fazer para ajudar a Sadako. Eles decidiram se revezar para visitá-la no hospital.

Os grous trazem esperança a Sadako

[...]

Cerca de mil **grous** de papel, feitos por estudantes do ensino médio de Nagoya, foram entregues aos pacientes no hospital. O quarto de Sadako, também, foi abrilhantado por centenas de dobraduras de celofane em muitas cores.

Foi assim que ela ouviu a lenda, **"Se fizer mil grous de papel, seu desejo se tornará realidade"**, Sadako encheu-se de esperança e começou a dobrar os grous e a cada um que ficava pronto, dizia a si mesma o seu desejo: "Eu escreverei paz em suas asas e você voará o mundo inteiro".

[...]

Monumento da Paz às crianças, Parque Memorial da Paz, Hiroshima, Japão.

Sadako não resiste

Enfraquecida, Sadako não teve força para dobrar os mil pássaros.

Em 25 de outubro de 1955, rodeada por sua família, ela montou seu último *tsuru* e dormiu placidamente pela última vez. Foi exatamente um ano depois que ela tinha vencido a corrida de revezamento. Seus colegas de classe dobraram os pássaros que faltavam para que fossem enterrados com ela. Ela tinha somente 12 anos.

[...]

Disponível em: <www.japaoemfoco.com/historia-e-significado-do-monumento-da-paz-das-criancas/#ixzz3PxlLmvBN>. Acesso em: out. 2015.

Grou: pássaro constantemente representado em *origamis*, sagrado na cultura japonesa, que simboliza paz e vida longa.

1 Indique a seguir os substantivos encontrados no primeiro parágrafo do texto "História de Sadako Sasaki e da Estátua das Crianças da Bomba Atômica". Caso eles se repitam, indique-os apenas uma vez.

a) Substantivos comuns:

_____

_____

_____

_____

b) Substantivos próprios:

_____

_____

_____

_____

2 Analise, no primeiro parágrafo, o significado do substantivo "coração". Esse significado está ligado:

a) ☐ ao coração que todos temos no peito.

b) ☐ à emoção.

3 No trecho "vale a pena conhecer", o substantivo "pena" pode ser substituído por:

a) ☐ satisfação.

c) ☐ ajuda.

b) ☐ sacrifício.

d) ☐ incômodo.

4 Qual é o outro significado para o substantivo "pena"?

_____

5 Diga em voz alta o substantivo "guerra" e assinale as alternativas corretas.

a) ☐ A vogal **u** é pronunciada, portanto ocorre ditongo.

b) ☐ O fonema da vogal **u** não é pronunciado.

c) ☐ As letras **rr** são pronunciadas uma única vez, porém de forma forte, como em **rápido** e **enrugado**, por exemplo.

d) ☐ As letras **rr** são pronunciadas de forma branda, como em **areia**.

 **Texto 2**

 Carta

Você se lembra da Samantha Reed Smith, mencionada no início deste capítulo? Leia a seguir a carta que ela enviou a Yuri Andropov.

Prezado Sr. Andropov,

Meu nome é Samantha Smith. Tenho dez anos de idade. Parabéns pelo seu novo emprego. Estou preocupada sobre a Rússia e os Estados Unidos estarem se preparando para iniciar uma guerra nuclear. O senhor votará para que haja uma guerra ou não? Se não, por favor, diga-me como o senhor vai ajudar a não haver uma guerra. O senhor não precisa responder esta pergunta, mas eu gostaria de saber por que o senhor quer conquistar o mundo, ou pelo menos nosso país. Deus fez o mundo para nós vivermos juntos em paz e não para brigarmos.

Sinceramente,

Samantha Smith.

Yury Abramochkin/Sputnik/Glow Images

| Samantha Smith, 1983.

Disponível em: <www.samanthasmith.info/index.php/history/letter>. Tradução nossa. Acesso em: out. 2015.

O que é uma guerra nuclear?

Em uma guerra nuclear, as armas usadas seriam bombas nucleares.

Durante a Segunda Guerra Mundial (1939-1945), os Estados Unidos criaram uma arma muito potente, com poder de destruição nunca antes visto: a bomba nuclear, ou bomba atômica. Além de ter o poder de destruir praticamente uma cidade inteira, a bomba atômica deixa consequências até às próximas gerações: devido a sua radiação (um tipo de energia

Bomba atômica, 1971.

contida na bomba atômica e que fica no ar muito tempo depois de sua explosão), podem nascer bebês com alguma deficiência física ou intelectual, por exemplo.

1 Por que podemos considerar o texto de Samantha uma carta?

_____

_____

_____

_____

_____

2 Qual foi o principal motivo que levou Samantha a escrever essa carta?

_____

_____

_____

_____

_____

3 Em sua opinião, por que Samantha queria tanto saber se o representante político da antiga União Soviética votaria a favor ou contra a guerra?

_____

_____

_____

_____

4 Perceba que cartas e biografias são formas bastante diferentes de expressarmos ideias e relatarmos fatos. Com base nas duas leituras que você acabou de fazer, preencha o quadro a seguir diferenciando os gêneros carta e biografia.

	Linguagem (parcial ou imparcial)	Esfera de circulação	Foco narrativo
Cartas			
Biografias			

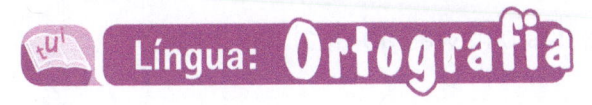
Dígrafos e divisão silábica

Para emitirmos o fonema de cada letra que usamos nas palavras que falamos, temos que posicionar nossa boca e língua numa determinada posição, por isso mexemos a boca o tempo todo enquanto falamos. Algumas vezes, porém, duas letras de uma palavra emitem um único fonema. Veja:

chá   **x**ale

Nesses exemplos, o **ch** (duas letras) apresenta o mesmo som do **x** (uma única letra). Logo, em **chá** ocorre um **dígrafo**, ou seja, duas letras que, ao serem pronunciadas, emitem um único fonema.

Os **dígrafos** são: **ch**, **nh**, **lh**, **rr**, **ss**, **qu** e **gu** (seguidos de **e** ou **i**, desde que o **u** não seja pronunciado), **sc**, **xc**, **sç** (seguidos de **e** ou **i**).

Há também os **dígrafos nasais**, que recebem esse nome porque parte do som é emitida pelo nariz (som nasal). São eles: **an**, **am**, **en**, **em**, **in**, **im**, **on**, **om**, **un**, **um**; geralmente quando não aparecem no final da palavra.

1 Quantas letras e quantos fonemas há no substantivo **guerra**? Justifique sua resposta.

_____

_____

_____

_____

2 O antônimo (contrário) de **guerra** é **paz**. Quantas letras e quantos fonemas há no substantivo **paz**?

_____

_____

_____

_____

_____

_____

_____

_____

PAZ

3 Leia o texto a seguir e observe as separações das palavras ao final das linhas.

A lenda do milho

Segundo uma lenda Pareci, o primeiro grande chefe desse povo, cujo nome era Ainotarê, sabendo que ia morrer, chamou seu filho Kaleitoê e disse:

— Vou morrer e ordeno-lhe que me enterre no meio da roça.

Ainotarê morreu e seu filho o enterrou no lugar em que ele havia pedido.

Passados três dias do enterro do velho chefe, brotou de sua cova uma nova planta, diferente das que eles conheciam, que depois de algum tempo rebentou em sementes.

Ainotarê também havia falado que não deviam comer as primeiras sementes e, sim, guardá-las para as replantarem. Com isso, a tribo teria um novo e precioso alimento.

Os conselhos de Ainotarê foram seguidos e, assim, o povo Pareci passou a usar o milho para sua alimentação.

Antoracy Tortolero Araujo. A lenda do milho. *Lendas indígenas*. São Paulo: Editora do Brasil, 2014. p. 6.

a) Essa origem pode ser considerada real? Por quê?

_____

_____

b) De acordo com o fragmento "Segundo uma lenda Pareci, o primeiro grande chefe desse povo", deduza o que é Pareci.

_____

c) Que boa ação Ainotarê, depois de morto, fez a seu povo?

_____

_____

d) Uma boa ação é um exemplo de:

- ☐ guerra.
- ☐ paz.

e) Em todas as palavras do texto em que ocorre separação silábica há também a ocorrência de:

- ☐ dígrafo.
- ☐ encontro consonantal.

f) Sobre a separação silábica dos dígrafos, o que podemos afirmar?

_____

_____

_____

_____

g) Complete:

Em "le**n**da", "seg**un**do", "sab**en**do" e "sem**en**tes" ocorre dígrafo _____.

4 Veja outros títulos de lendas da obra *Lendas indígenas*.

a) As duas pombas

b) Como surgiu a roça

c) Como nasceu a noite

d) As manchas dos peixes

e) Como o índio aprendeu a fazer fogo

f) Como o pato aprendeu a nadar

Agora complete:

O único título que apresenta palavras sem dígrafo está no item _____.

5 Em "As man**ch**as dos pei**x**es", temos em destaque:

a) ☐ dois dígrafos.

b) ☐ dois encontros consonantais.

c) ☐ dois fonemas iguais.

6 Não há ocorrência de dígrafo nasal no seguinte título:

a) ☐ Como nasceu a noite.

b) ☐ As manchas dos peixes.

c) ☐ As duas pombas.

TelePrompTer de jornal televisivo

Agora você fará o texto que é adicionado ao *TelePrompTer* de um jornal televisivo local, com o qual algum jornalista irá apresentar uma personalidade infantil, contemporânea ou não, conhecida por feitos em benefício da humanidade.

TelePrompTer, tela em que aparece, em letras grandes, o texto que será lido por um apresentador de televisão.

Preparação

- Faça uma breve pesquisa sobre uma criança que se tornou famosa por defender uma causa benéfica à humanidade. Caso não conheça nenhuma, pesquise em jornais, revistas e na internet.

- No caderno, liste as informações mais importantes da história de vida do personagem que você escolheu: idade, lugar onde viveu, feito notável que realizou, repercussões do que ele fez, data de sua morte, entre outras que considerar relevantes para informar ao público.

- Por se tratar de um jornal local, faça adaptações conforme o público ao qual o seu noticiário se destinará.

Escrita

- Elabore a minibiografia dessa criança, compondo um texto que se aproxime da fala, mas que não apresente gírias, jargões ou expressões inadequadas. Esse texto deve narrar a reportagem para um telespectador imaginário, que seja da localidade escolhida por você.

Avaliação e reescrita

- Finalizado o texto, leia-o em voz alta, para verificar se está fluente. Faça as adequações necessárias no texto escrito e corrija as partes que ficarem artificiais.

- Repita esse processo de leitura em voz alta e adequação do texto até que você considere que um telespectador não iria perceber que você está lendo.

- Se você tiver um gravador, mesmo que no telefone celular, grave as diversas leituras e depois as ouça, para identificar com mais clareza as partes artificiais.

- O texto gravado apresenta um desafio a mais: recomenda-se que o tempo do áudio não ultrapasse três minutos, pois, caso contrário, o ouvinte pode perder o interesse na notícia. Portanto, antes de gravar o texto, leia-o em voz alta e veja com quantos minutos ele ficou. Se necessário, faça cortes para adequá-lo ao tempo.

- Faça uma gravação final, após considerar o texto pronto.

- Se possível, envie sua gravação a amigos ou familiares, para que eles conheçam a história dessa pessoa.

Texto 1

Reportagem

Leia a reportagem a seguir.

Conheça Michel Feghali, o Peter Pan brasileiro

Aos 40 anos, ele é dono da maior coleção de brinquedos do Brasil

Entrar na casa de Michel Feghali é como voltar à infância. Com as paredes cobertas com uma coleção de cerca de 5 000 brinquedos, o local é paraíso para os fãs da série Star Wars, dos personagens da Disney ou de outros sucessos da cultura pop.

Michel tem 40 anos, mas se sente com apenas 16. O rosto segue o pensamento do dono e não apresenta as marcas do tempo de um homem nascido em 1973. Ele conta que o segredo é não pensar na idade.

— Não me sinto um adulto quando me vejo no espelho.

[...]

Michel Feghali com alguns de seus brinquedos, 2015.

Como tudo começou...

Michel conta que já nasceu colecionador. A infância foi cercada por brinquedos, esses eram os seus grandes amigos. Mas o amor pelos bonecos não o impedem de se desfazer de alguns itens da coleção.

— Eu já nasci colecionando coisas. Na infância eu gostava de guardar joaninhas de todos os tipos. Eu gosto de colecionar, mas não sou um cara materialista. Já doei muitas peças e na minha coleção a maioria dos brinquedos é recente.

[...]

Em prateleiras muito organizadas, Michel guarda sua coleção. Ele assume que tem mania de arrumação e que não suporta sujeira em seus brinquedos.

Cada canto do apartamento de Michel recebeu uma atenção especial. Os banheiros ganharam coleções temáticas, a sala é repleta de bustos de grandes personagens de ficção científica, o quarto é uma verdadeira viagem à Disney, com personagens espalhados por todos os cantos. Nem a cozinha escapou dos brinquedos, até a geladeira serve como armário para a coleção.

O grande sonho de Michel ainda não foi realizado. Ele quer ter um espaço ainda maior para guardar sua coleção.

— Sonho em construir Eternia, num sítio em Valinhos. Passei minha infância lá e quero construir um lugar para guardar minha coleção e as cinzas da minha família. Também quero ter um parque ecologicamente correto e outras coisas que remetam à infância.

Tainá Lara. *R7*, 8 mar. 2013. Disponível em: <http://entretenimento.r7.com/jovem/noticias/conheca-michel-feghali-o-peter-pan-brasileiro-20130307.html?question=0>. Acesso em: out. 2015.

Relembre a história de Peter Pan

Peter Pan é um menino que vive em uma ilha chamada Terra do Nunca. Um dia, ele sai pelo mundo real em busca da própria sombra, que havia fugido dele. Então, entra no quarto dos irmãos Wendy, João e Miguel. A mais velha, Wendy, acorda com o choro do visitante, inconformado por não encontrar sua sombra. Então a menina costura a sombra nos pés de Peter Pan, que a convence de viajar com ele para a Terra do Nunca, prometendo-lhe vivenciar grandes aventuras. Mas, na realidade, ele queria a companhia da menina, porque era órfão. Wendy acorda seus irmãos para irem também, e Peter Pan apresenta-lhes Sininho, fada que joga neles um pó mágico – o pó de Pirlimpimpim – e os faz voar.

Todos vão para a Terra do Nunca e vivem grandes aventuras ao lado de Sininho, Peter Pan e outros personagens mágicos, como o malvado Capitão Gancho. De volta para casa, Wendy pede que Peter Pan fique com ela e seus irmãos, mas ele prefere voltar para a Terra do Nunca, pois lá ele nunca envelhece.

1 Por que Michel Feghali é considerado o Peter Pan brasileiro?

_____

_____

2 Quantos brinquedos, mais ou menos, Michel tem em sua coleção?

_____

_____

3 Por que Michel Feghali tem tantos brinquedos?

_____

_____

4 A palavra **brincar** vem da palavra em latim _vinculum_, derivada do verbo também em latim _vincire_, que significa "encantar, seduzir, entreter". _Vinculum_, com o passar do tempo, virou "brinco". Considerando esse significado, você acha que Michel Feghali está com idade avançada demais para brincar e colecionar brinquedos? Justifique sua resposta.

_____

_____

_____

5 A expressão "Peter Pan brasileiro" é uma forma bem-humorada de comparar Michel Feghali, que é um colecionador de brinquedos, ao famoso personagem das histórias infantis. Existem outras comparações como essa na língua portuguesa. Leia algumas delas a seguir e escreva ao lado a que se referem.

a) O rei do futebol: _____.

b) A cidade luz: _____.

c) O astro rei: _____.

d) O rei do baião: _____.

6 Pense um pouco sobre suas próprias características. Qual descrição você daria a si mesmo? João, "o sabiá das histórias", caso goste de narrar histórias? Júlia, "a menina dos tênis coloridos", caso goste desse calçado? Claudia, "a princesa das palavras", caso goste de escrever? Reflita sobre suas características, seus gostos ou outros interesses e crie um apelido que tenha a ver com você!

_____

_____

_____

7 A cultura *pop* reúne manifestações artísticas em geral, que são veiculadas nos meios de comunicação mais comuns, como rádio, TV e internet. De acordo com a cultura *pop* que você conhece, cite exemplos de:

a) atores ou atrizes – _____

b) cantores ou cantoras – _____

c) músicas – _____

d) filmes – _____

e) livros – _____

_____

8 Apesar da farta coleção espalhada por toda a casa, a autora do texto considera Michel um homem organizado. Que exemplos comprovam essa característica de Michel?

_____

_____

9 O grande desejo de Michel é construir um lugar chamado Eternia para lá guardar tudo o que, para ele, tem grande valor sentimental. Com base no texto, o nome que ele deu a esse lugar se associa à ideia:

a) ☐ de um lugar onde tudo é bonito.

b) ☐ de um lugar onde tudo é raro.

c) ☐ de um lugar onde os objetos serão guardados para sempre.

d) ☐ de um lugar muito distante.

10 Michel Feghali guardaria sua coleção de brinquedos em um lugar chamado Eternia. E você? O que guardaria de especial e que nome daria a esse lugar? Desenhe um objeto e dê um nome a esse lugar, justificando sua escolha.

_____

_____

_____

_____

_____

_____

_____

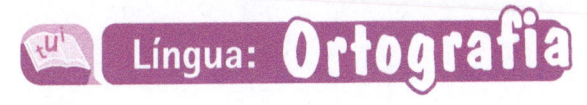

Língua oral e língua escrita

A história que você leu fala sobre a vida na infância. Peter Pan vive fugindo do Capitão Gancho, mas aprecia a vida livre que tem na Terra do Nunca.

Como foi a infância de seus pais, tios, avós, parentes mais velhos ou das pessoas que cuidam de você? Será que eles se aventuravam como Peter Pan?

Para investigar isso, você coletará o depoimento de um de seus familiares sobre a infância dele. Organize-se com base nas etapas a seguir.

- Primeiro, escreva no caderno um roteiro com as perguntas que você quer fazer para a pessoa escolhida. Explore questões relacionadas à infância dela:

> Onde ela vivia? O que era diferente da vida de hoje? Quais histórias infantis ela costumava ouvir?
>
> Ela se lembra de alguma história mágica na qual acreditava durante a infância?

Você pode elaborar outras perguntas.

- Finalizado o roteiro, combine com a pessoa o dia e horário em que vocês conversarão. Explique que o depoimento trata de assuntos relacionados à infância dela.

- Antes de coletar as respostas, providencie um gravador de som (pode ser do aparelho celular). Avise que o depoimento terá a duração média de 10 minutos.

- Conduza o andamento do depoimento, porém também é preciso dar liberdade para que o entrevistado comente o que viveu, à medida que resgata as próprias memórias. Lembre-se de que um depoimento não é igual a uma entrevista; por isso, não faça muitas interrupções na narrativa da pessoa.

- Ouça com atenção a gravação (apenas uma vez não será suficiente), observe **palavras ou expressões próprias da linguagem informal** e anote-as a seguir. Em seguida, reescreva-as de acordo com a norma-padrão da língua.

_____

_____

_____

_____

Texto 2

Resenha

Leia o texto a seguir, trecho de uma resenha sobre o lançamento da série *A Terra dos Meninos Pelados*, que foi baseada na obra de mesmo nome escrita por Graciliano Ramos.

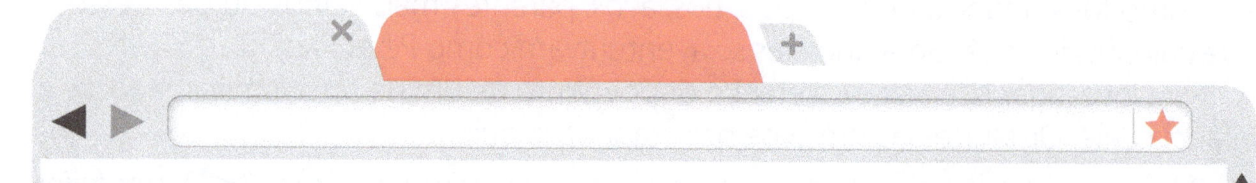

Literatura fantástica

O *blog* da revista **Graciliano** inicia as homenagens ao Velho Graça relembrando a adaptação do livro *A Terra dos Meninos Pelados*, de Graciliano Ramos, para a TV. A minissérie [...] narra a história do garoto Raimundo, um menino que encontra em uma terra mágica refúgio para suas diferenças. [...]

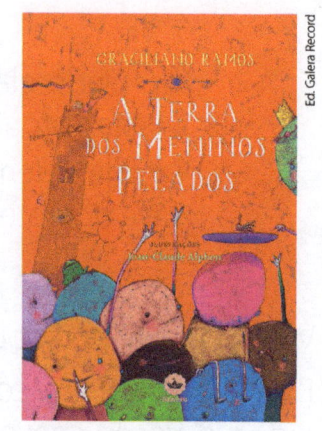

Capa do livro *A Terra dos Meninos Pelados*, de Graciliano Ramos, Ed. Galera Record, 2014.

Raimundo era um garoto incomum. Careca, tinha um olho preto e outro azul. Por conta de sua aparência, os garotos da rua zombavam dele. "Ô, pelado", diziam. Chateado, Raimundo viaja para Tatipurun, terra imaginária onde todos os habitantes eram iguais a ele e onde não havia apenas garotos carecas com olhos de cores diferentes, mas também um rio que aproximava suas margens quando alguém pretendia atravessá-lo. É lá que Raimundo aprende a lidar com a diferença. A história é contada no livro *A Terra dos Meninos Pelados*, escrito por Graciliano Ramos e publicado em 1939.

Vencedor do prêmio Literatura Infantil do Ministério da Educação do mesmo ano, *A Terra dos Meninos Pelados* é a primeira incursão do escritor alagoano na literatura infantil. Cinco anos depois, ele escreveria ainda o livro de contos infantojuvenis *Histórias de Alexandre*.

"Nós podemos até atualizar a temática deste livro para o *bullying*, mas o texto aborda basicamente, de maneira lírica, o tratamento dado ao diferente", explica a professora, escritora e especialista em literatura infantil Heloisa Melo de Moraes. "*A Terra dos Meninos Pelados* é um livro absolutamente diferente de tudo que Graciliano já escreveu, porque ele entra pelo realismo fantástico", explica.

A importância de *A Terra dos Meninos Pelados*, porém, vai além de sua temática. "Antes de Monteiro Lobato e Graciliano Ramos, o que havia de literatura infantil no Brasil eram os contos tradicionais, muito ligados ainda aos contos de fadas europeus. Não havia uma literatura infantil com uma cara brasileira", diz Heloisa.

[...]

A escritora e pesquisadora destaca ainda *A Terra dos Meninos Pelados* como a única incursão de Graciliano pelo realismo fantástico como sendo uma das principais características do livro. E completa: "Nesse livro, Graciliano inaugura na literatura brasileira uma literatura infantil sob o olhar da crítica social".

Seja pelo tema, seja pela linguagem, *A Terra dos Meninos Pelados* contribui para evidenciar o quanto a obra de Graciliano oferece diferentes visões do mundo, cada uma rica de significados e interpretações.

Lucas Almeida. *Blog* da revista *on-line Graciliano*.
Disponível em: <http://graciliano.tnh1.com.br/2013/06/26/literatura-fantastica>. Acesso em: dez. 2015.

1 O texto lido foi retirado do *blog* de uma revista *on-line* e pode ser considerado uma resenha. Por quê?

_____

_____

_____

_____

_____

_____

2 Há no texto um parágrafo que conta, resumidamente, a história do livro *A Terra dos Meninos Pelados*. Reconte essa história, com suas palavras, como se precisasse convencer um amigo, que tem a mesma idade que você, a ler o livro. Mencione o assunto principal (o *bullying*) e discorra sobre a importância de discuti-lo.

_____

_____

_____

_____

_____

_____

_____

3 Assim como Michel Feghali, Graciliano Ramos, autor dessa história, ficou conhecido por um apelido. Qual seria?

_____

_____

_____

4 Com base nas informações sobre a história de *A Terra dos Meninos Pelados*, há alguma relação entre ela e a história de Peter Pan? Justifique sua resposta.

_____

_____

_____

_____

_____

_____

_____

Língua: Gramática

Adjetivos

Você observou, nas atividades que fez sobre o gênero resenha, que há, nesses textos, o uso constante de adjetivos. Eles são usados na resenha porque atribuem características aos substantivos e, por isso, atraem o leitor e o deixam curioso para conhecer a história inteira.

1 Preencha com adjetivos o texto a seguir. Trata-se de uma resenha fictícia sobre *A Terra dos Meninos Pelados*, que você deve tornar atraente para os leitores.

O _____ livro *A Terra dos Meninos Pelados*, do _____ escritor Graciliano Ramos, narra a _____ história de Raimundo Pelado, um personagem _____ que passa por situações _____ até descobrir um _____ mundo paralelo, conhecido como Tatipirun, onde o _____ povo que vive lá se parece muito com ele. Recomendamos a todos que leiam essa _____ narrativa e se emocionem com o _____ itinerário vivido por seu _____ protagonista.

2 Observe a frase a seguir.

> Este é um livro de contos **infantojuvenis**.

a) O termo em destaque é um adjetivo (por ser formado por duas palavras, trata-se de um adjetivo composto). Que particularidade esse adjetivo dá ao substantivo "contos"?

_____

_____

b) A expressão "de contos" também expressa uma particularidade. A que ela se refere?

_____

Locução adjetiva é a expressão geralmente formada por duas palavras (preposição + substantivo) e que exerce a mesma função que o adjetivo: exprime característica, particularidade ou qualidade referente a algum substantivo. Muitas vezes, há um adjetivo que pode substituir a locução adjetiva sem alterar o significado. Veja: amor **de mãe** – materno; período **da manhã** – matutino; azul **do céu** – celeste; rota **do mar** – marítima; caixa **de música** – musical; caminho **com árvores** – arborizado.

Mas nem sempre isso é possível; por exemplo: casa **de tijolos**; cadeira **de madeira**; bolsa **com zíper**.

3 Reescreva as frases a seguir substituindo a locução adjetiva em destaque por um dos adjetivos do quadro. Se necessário, consulte o dicionário.

> fraterno – áureo – férrea – sulinas – vespertino

a) As paisagens **do sul** são muito bonitas.

_____

b) Um brilho **de ouro** surgiu de dentro da pequena caixa.

_____

c) Tenho por você um amor **de irmão**.

_____

d) Ana prefere estudar no período **da tarde**.

_____

e) Lá está a velha estrada **de ferro**.

_____

4 Com base em uma das imagens do livro *Vida dura de borracha*, ilustrado por Regina Rennó, complete a tabela seguindo as indicações.

Regina Rennó. *Vida dura de borracha*. São Paulo: Editora do Brasil, 2008. p. 24.

Adjetivos para os substantivos	Locuções adjetivas para os substantivos
menina	cabelos
olhos	brincos
cabelos	vestido
brincos	vaso
flor	pétalas
boca	orelhas

5 Leia a receita.

Picolé de banana

Ingredientes:
- 2 bananas firmes e maduras;
- 1 pote de iogurte natural;
- 3 castanhas de caju (ou outra castanha) trituradas como farofa;
- palitos grandes.

Modo de fazer

1. Coloque o palito nas bananas, passe-as primeiro no iogurte e depois na farofa de castanhas.
2. Embrulhe cada banana no papel-manteiga (mas não aperte muito) e leve ao congelador por 4 a 5 horas.
3. Seu picolé ficará assim:

a) Extraia do item "Ingredientes" as palavras e expressões adequadas para completar a tabela.

Adjetivos	Locuções adjetivas

b) Por que são importantes, numa receita, os adjetivos e as locuções adjetivas?

_____

_____

_____

6 A receita é um texto:

a) ☐ instrucional, ou seja, que dá instruções.

b) ☐ que conta uma história.

c) ☐ que dá uma notícia.

7 Em quais meios ou publicações podemos encontrar receitas?

_____

_____

8 Normalmente em quantas partes é dividida uma receita e para que serve cada uma delas?

_____

_____

_____

_____

9 Assinale as respostas corretas. Além dessas partes, seria adequado haver numa receita:

a) ☐ o nome da pessoa que deve prepará-la;

b) ☐ os utensílios que deverão ser usados (colher, tigela, batedeira etc.);

c) ☐ quantas porções rendem (ou quantas pessoas poderão comer o alimento).

10 Falar sobre comida é muito bom, não é mesmo? Mas melhor do que falar é comer, não é? Qual foi a comida mais gostosa que você já comeu? Responda de forma completa, ou seja, retomando aquilo que foi perguntado.

_____

_____

11 Quando dizemos "A comida mais gostosa...", queremos dizer:

a) ☐ que é a melhor de todas.

b) ☐ que é apenas melhor que outra.

Ao dizer que essa comida é a **mais** gostosa, estamos reforçando, ou seja, aumentando o grau do adjetivo **gostosa**.

O adjetivo também pode variar em grau. São dois: **comparativo** e **superlativo**.

Comparativo: quando comparamos uma característica, qualidade ou particularidade.

• **Comparativo de igualdade** – O bolo de chocolate é **tão** gostoso **quanto** o de fubá.

• **Comparativo de superioridade** – O bolo de chocolate é **mais** gostoso **que** o de fubá.

• **Comparativo de inferioridade** – O bolo de chocolate é **menos** gostoso **que** o de fubá.

Superlativo: quando elevamos ao máximo uma característica, qualidade ou particularidade.

• **Superlativo absoluto** – A qualidade é elevada sem ser relacionada a outros seres. Exemplos:

  • Este bolo é **muito** gostoso! (superlativo absoluto analítico)

  • Este bolo é **gostosíssimo**! (superlativo absoluto sintético)

• **Superlativo relativo** – A qualidade é elevada e relacionada a outros seres.

  • De superioridade – Este é o bolo **mais** gostoso da doceria.

  • De inferioridade – Este é o bolo **menos** gostoso da doceria.

12 Indique o grau do adjetivo nas frases a seguir.

a) A prova de Matemática foi facílima.

_____

b) Paula é a aluna mais dedicada da turma.

_____

c) A festa estava bastante animada!

_____

d) O carro novo de Jonas é mais veloz que seu carro anterior.

_____

e) Você está belíssima!

_____

f) Este filme é tão bom quanto o outro.

_____

g) Foi o pior jogo da seleção.

_____

Conto realista fantástico

Você produzirá agora um conto que pertença ao realismo fantástico. As narrativas desse gênero misturam personagens e eventos reais a personagens e eventos da fantasia. Peter Pan, por exemplo, é uma criança que faz contato com Wendy, uma garota humana (elementos reais), mas ele é capaz de voar e nunca envelhece (elementos fantasiosos).

Preparação

- Utilize as informações obtidas no depoimento que colheu de seu familiar para produzir seu conto.

- Escolha alguns dos familiares que apareceram na história relatada para criar personagens que os representem em sua história. Por exemplo, se o seu familiar disse que falava demais quando era pequeno, você poderá inventar um personagem que nunca consegue parar de falar.

- Elabore no caderno um esquema contendo o início, o meio e o fim de sua história. Indique quais serão os elementos reais e quais serão os elementos fantásticos.

Escrita

- Faça no caderno um rascunho de sua história.

- Lembre-se de mencionar as histórias que ouviu de seu familiar no depoimento que coletou.

- Pense no leitor: construa a história de modo a despertar a curiosidade dele e, consequentemente, a vontade de a lerem.

Revisão e reescrita

- Ao finalizar a escrita do rascunho, ouça novamente a gravação do depoimento que você coletou e verifique se esqueceu de algum fato importante mencionado pelo seu familiar.

- Em seguida, confira a adequação gramatical, vocabular e ortográfica.

- Ao finalizar a revisão, passe a limpo sua produção escrita.

Texto 1

Artigo

Leia o artigo a seguir.

A tradição oral e sua metodologia

[...]

As civilizações africanas, no Saara e ao sul do deserto, eram em grande parte civilizações da palavra falada, mesmo onde existia a escrita, como na África Ocidental a partir do século XVI, pois muito poucas pessoas sabiam escrever, ficando a escrita muitas vezes **relegada** a um plano secundário em relação às preocupações essenciais da sociedade. [...]

A civilização oral

Um estudioso que trabalha com tradições orais deve compenetrar-se da atitude de uma civilização oral em relação ao discurso, atitude essa totalmente diferente da de uma civilização onde a escrita registrou todas as mensagens importantes. Uma sociedade oral reconhece a fala não apenas como um meio de comunicação diária, mas também como um meio de preservação da sabedoria dos ancestrais [...].

A tradição pode ser definida, de fato, como um testemunho transmitido verbalmente de uma geração para outra. Quase em toda parte, a palavra tem um poder misterioso, pois palavras criam coisas. Isso, pelo menos, é o que prevalece na maioria das civilizações africanas. Os dogon sem dúvida expressaram esse nominalismo da forma mais evidente; nos rituais constatamos em toda parte que o nome é a coisa, e que "dizer" é "fazer".

A oralidade é uma atitude diante da realidade e não a ausência de uma habilidade. [...]

A natureza da tradição oral

A tradição oral foi definida como um testemunho transmitido oralmente de uma geração a outra.

[...] Algumas pessoas, em particular especialistas, como os **griôs**, conhecem tradições relativas a toda uma série de diferentes eventos.

Houve casos de uma pessoa recitar duas tradições diferentes para relatar o mesmo processo histórico. Informantes de Ruanda relataram duas versões de uma tradição sobre os tútsis e os hútus: uma, segundo a qual, o primeiro tútsi caiu do céu e encontrou o hútu na terra; e outra, segundo a qual tútsi e hútu eram irmãos. [...]

Uma tradição é uma mensagem transmitida de uma geração para a seguinte. Mas nem toda informação verbal é uma tradição.

[...] A origem das tradições pode, portanto, repousar num testemunho ocular, num boato ou numa nova criação baseada em diferentes textos orais existentes, combinados e adaptados para criar uma nova mensagem.

J. Vansina. *Africanidades*. Disponível em: <http://afrologia.blogspot.com.br/2008/03/tradio-oral-e-sua-metodologia.html>. Acesso em: out. 2015.

Griô: detentor e transmissor oral da memória e das tradições culturais de um grupo. Contador de histórias de um povo.
Relegado: deixado, posto, colocado.

1 Por que as civilizações africanas eram consideradas "civilizações da palavra falada"?

_____

_____

_____

_____

2 Por que, para os dogon, "dizer" e "fazer" são a mesma coisa?

_____

_____

_____

_____

3 No final do artigo, o autor explica que algumas histórias típicas de Ruanda, consideradas sagradas, foram contadas em diferentes versões pelos griôs. Por que isso teria acontecido?

_____

_____

_____

_____

_____

4 Pode-se dizer que **boatos** e **histórias da tradição oral** são a mesma coisa? Qual é a diferença entre eles?

_____

_____

_____

_____

_____

_____

5 Na nossa cultura também há vários exemplos de conhecimentos que se originaram da oralidade. Assinale-os.

a) ☐ notícias   c) ☐ trava-línguas

b) ☐ lendas   d) ☐ cantigas de roda

6 A expressão "de uma geração para a seguinte" pode ser substituída por:

a) ☐ de ano a ano.

b) ☐ de mês a mês.

c) ☐ de pai para filho.

Pronomes

Leia a reportagem a seguir.

Além de Zumbi, outros guerreiros negros lutaram contra a escravidão no país

Zumbi, líder do quilombo dos Palmares, traz a ideia de imortalidade no significado do seu nome, originário das línguas bantas. Sua história de resistência sobrevive ainda hoje. O dia de sua morte marca o Dia da Consciência Negra (20/11).

Mas foram muitos os guerreiros que resistiram contra a escravidão no país. E boa parte é tão pouco conhecida quanto a princesa de Cabinda chamada Zacimba Gaba. Só na região norte do Espírito Santo, no Vale do Rio Cricaré, onde existem dezenas de comunidades **quilombolas**, diversos negros feitos escravos fizeram história. Eles têm suas sagas registradas no livro *Os últimos zumbis*, de Maciel Aguiar.

Na primeira metade do século 19, surge a figura de Benedito Meia--Légua, que aterrorizou fazendeiros da região. Organizou vários grupos de negros revolucionários, que entravam na luta. E em cada grupo um integrante se vestia como Benedito Meia-Légua para confundir os capitães-do--mato, que passaram quarenta anos no encalço do guerreiro. Dizem que, no fim de sua vida, ele carregava num **embornal** a imagem de são Benedito, santo dos negros. Sua última morada foi no oco de uma grande árvore, que acabou sendo incendiada por seus perseguidores. Morria, assim, um dos grandes guerreiros da região.

Outra figura lendária da região é Viriato Canção-de-Fogo, que diziam ter vindo ao Brasil ainda menino, num navio abarrotado de africanos. Corria a lenda que ele só andava na escuridão, nunca na luz do dia. Era temido por seus poderes, devido à prática da cabula, uma religião africana. Quando algum escravo em fuga estava encurralado, gritava pelo nome de Viriato, que surgia para socorrê-lo. Ninguém sabe como ele morreu.

Na segunda metade do século 19, Constança de Angola marca a triste história dos filhos de escravos no período. Os filhos dos escravos, depois da Lei do Ventre Livre (1871), não podiam trabalhar e significavam prejuízo para os escravocratas (aqueles que tinham escravos). Cruelmente, muitos foram queimados e afogados pelos donos das fazendas. [...]

Gabriela Romeu. *Folha de S.Paulo*, 20 nov. 2010. FOLHAPRESS. Disponível em: <www1.folha.uol. com.br/folhinha/833197-alem-de-zumbi-outros-guerreiros-negros-lutaram-contra-a-escravidao-no-pais.shtml>. Acesso em: dez. 2015.

Embornal: pequena bolsa usada a tiracolo.
Quilombola: indivíduo escravizado que fugia do regime de escravidão e se refugiava nos quilombos.

1 A reportagem narra a história de pessoas negras que foram importantes durante o período escravocrata no Brasil. Que outras pessoas, além de Zumbi dos Palmares, o texto menciona?

_____

_____

2 Observe que, apesar de o texto ser uma reportagem, ele retrata os personagens notáveis que lutaram contra a escravidão usando um recurso típico das histórias de tradição oral. Qual é esse recurso?

_____

_____

_____

_____

_____

3 O trecho a seguir contém muitas repetições. Reescreva-o de modo a evitá-las.

> Benedito Meia-Légua era um combatente que lutou contra a escravidão e Benedito Meia-Légua levou muitos seguidores para o ajudarem nessa causa. Conta a história que Benedito Meia-Légua aterrorizava os fazendeiros, pois Benedito Meia-Légua trocava de roupa com outros negros revolucionários para não ser capturado, mas Benedito Meia-Légua acabou morrendo quando morava no toco de uma árvore que foi incendiada por seus perseguidores.

_____

_____

_____

_____

_____

_____

_____

4 Circule no texto todos os pronomes pessoais do caso reto que foram utilizados.

5 Agora identifique a quais personagens esses pronomes se referem.

_____

_____

_____

6 Pesquise, em livros ou na internet, a Lei do Ventre Livre (se possível, leia também esta reportagem: <www1.folha.uol.com.br/folhinha/2013/05/1277994-em-13-de-maio-de-1888-brasil-decretava-o-fim-da-escravidao.shtml>; acesso em: out. 2015) e, depois, explique com suas palavras o que foi essa lei, instituída em 1871.

_____

_____

_____

_____

_____

_____

_____

Texto 2

Conto oral

Você escutará agora, no canal *O candeeiro encantado*, um conto africano que faz parte da tradição oral de Guiné-Bissau. Acesse o endereço a seguir: <https://soundcloud.com/ocandeeiroencantado/podcast-guin-bissau>. Acesso em: out. 2015.

1 Esse conto mistura, assim como os contos do realismo fantástico, elementos reais e imaginários. Cite alguns desses elementos do conto de Guiné-Bissau.

_____

_____

_____

2 Como os macacos da história decidem chegar até a Lua?

_____

_____

_____

3 Por que o macaco decide voltar à Terra? Ele consegue retornar sem nenhum problema?

_____

_____

_____

4 Muitas histórias da tradição oral narram a origem de seus povos ou de elementos que os constituem. Isso acontece nessa história do macaquinho? De que forma? Explique detalhadamente.

_____

_____

_____

_____

Emprego de x, s, z, ss, sc, sç, xc e ç

1 Leia em voz alta três palavras retiradas do texto:

> Zumbi – resistência – existem

• Há semelhança ou diferença entre o som das letras destacadas? Explique por quê.

_____

_____

_____

_____

Quanto à fonética, a letra x apresenta quatro sons diferentes:

- **x** com som de **ch**: xícara, xale, enxada;
- **x** com som de **s**: texto, próximo, auxílio;
- **x** com som de **z**: exército, exame, exercício;
- **x** com som de **cs**: táxi, fixo, tórax.

Quando devo usar x?

- Depois de ditongos: baixo, caixa, ameixa.
- Em palavras de origem africana, indígena ou de formação popular: abacaxi, xavante, xará, Xingu, orixá.
- Em várias palavras com prefixo **en-** ou depois da sílaba **en** inicial: enxame, enxugar, enxurrada, enxofre, enxaqueca.
- No final de algumas paroxítonas: látex, fênix, ônix.
- Em várias outras palavras: bexiga, mexer, lixo, xarope, sexta, xampu etc.

Outras ortografias que geram dúvidas

Emprega-se **s**:

- nos adjetivos pátrios terminados em **-ês**, bem como em seus respectivos femininos: francês/francesa, holandês/holandesa, irlandês/irlandesa;
- nas flexões verbais de **pôr** e **querer**, bem como de seus derivados: pus, pusera, compusera, quis, quisesse;
- nos adjetivos que contêm o sufixo **-oso**: gostoso, cheiroso, amoroso;
- nos substantivos femininos que indicam título de nobreza: princesa, baronesa, consulesa.

2 Leia o conto e complete as palavras com as letras que faltam, de acordo com a ortografia da língua portuguesa.

Como surgiram o dia e a noite

No início, quando os _____eres humanos e os animais come_____aram a vagar pela Terra, todos falavam a mesma língua. Naqueles dias **longínquos**, um homem podia transformar-se em qualquer bicho ou vi_____e-ver_____a.

Ne_____e tempo, guardado na memória dos an_____iãos, as palavras po_____uíam poderes mágicos e misterio_____os.

O que as pessoas e os animais qui_____e_____em que aconte_____e_____e, tornava-se realidade.

Ninguém sabia e_____plicar esse dom, nem mesmo os _____amãs, homens sábios, conhe_____edores dos segredos de no_____a vida. A_____im era, contam as avós das crian_____as.

Mas, naquela época, plena de magia, tudo estava imer_____o na mais profunda escuridão. A Terra vivia permanentemente às escuras. O silêncio das **estepes** só era perturbado pelo rosnar de ur_____os brancos como a neve e por uivos de bandos de lobos esfomeados.

_____erta ve_____, a rapo_____a e o coelho, que andavam sempre brigando, come_____aram a se de_____afiar, **bradando** palavras mágicas:

— Claridade — di_____e a lebre, erguendo as orelhas pontudas. Assim poderia en_____ergar as raí_____es mais facilmente.

— Escuridão — respondeu a rapo_____a, que preferia ca_____ar escondida entre as sombras, agitando a cauda felpuda.

Os dois adver_____ários, gra_____as à for_____a ine_____plicável de suas palavras, tiveram seus pedidos atendidos. Desde então, o Dia, senhor radiante das lu_____es, desponta todas as manhãs entre as sombras. Mas a palavra da raposa também era detentora de poderes **enigmáticos**. Por isso, a Noite, senhora das trevas, abre caminho assim que o Dia de_____apare_____e.

Rogério Andrade Barbosa. *Contos da terra do gelo*. São Paulo: Editora do Brasil, 2013. p. 15.

> **Bradar:** gritar.
> **Enigmático:** misterioso.
> **Estepe:** grande terreno plano, onde predominam plantas rasteiras.
> **Longínquo:** que está longe; no caso do texto, que aconteceu há muito tempo.

3 O conto lido apresenta uma história real ou irreal? Justifique sua resposta.

_____

_____

_____

_____

4 Histórias como essa:

a) ☐ são exemplos de cultura passada de geração a geração.

b) ☐ não são exemplos de cultura passada de geração a geração.

5 O conto traz a explicação de dois fenômenos comuns da natureza, o **dia** e a **noite**. Essas palavras são:

a) ☐ substantivos.   b) ☐ adjetivos.   c) ☐ pronomes.

6 **Dia** e **noite** são substantivos que apresentam:

a) ☐ significados iguais.

b) ☐ significados opostos.

> Na língua portuguesa, chamamos de **sinônimas** as palavras que apresentam significados semelhantes ou iguais; e chamamos de **antônimas** as palavras que apresentam significados opostos.

7 Complete: Portanto, **dia** e **noite** são palavras _____.

8 Releia um trecho do conto "Como surgiram o dia e a noite".

> Os dois **adversários**, graças à força inexplicável de suas palavras, tiveram seus **pedidos** atendidos. [...]

a) Indique um sinônimo para os adjetivos em destaque.

- adversários: _____
- pedidos: _____

b) Se esse adjetivo fosse substituído por um antônimo, o conto ficaria coerente, ou seja, com sentido? Justifique sua resposta.

_____
_____
_____
_____
_____
_____

9 Nos itens a seguir, se trocarmos as palavras em destaque por seu antônimo, uma das frases ficará sem sentido. Qual?

a) ☐ Não vá para a parte **funda** da piscina. Você pode se afogar!

b) ☐ Que bolsa **linda**!

c) ☐ Hoje a comida estava muito **gostosa**.

Ensaio biográfico

Em novembro de 2014, Oba Al-Maroof Adekunle Magbagbeola, rei de Ifon, região da Nigéria, visitou o Brasil. Muitas pessoas, no passado, vindas dessa região, foram escravizadas em terras brasileiras.

Al-Maroof esteve aqui para afirmar seu desejo de paz aos povos de todo o planeta, opondo-se ao racismo e a qualquer forma de discriminação.

Para os praticantes das religiões de matriz africana vindas da Nigéria, Al-Maroof é descendente direto de Oxalufã, uma divindade muito cultuada.

A importância dessa visita está na necessidade de ressaltar as contribuições africanas à cultura brasileira, que fazem parte da herança e do patrimônio cultural; portanto, devemos conhecê-las e reconhecê-las em nosso cotidiano.

Oba Al-Maroof Adekunle Magbagbeola, Rio de Janeiro, 2014.

Para se aproximar dessa discussão, você produzirá um **ensaio biográfico** sobre um personagem africano ou afrodescendente que tenha sido importante para a história do povo brasileiro. Siga as orientações.

A **biografia** registra a trajetória de vida de uma pessoa, possibilita-nos conhecer pessoas notáveis e saber o que elas realizaram para tornar o mundo melhor. Para escrever uma biografia ou um **ensaio biográfico** (que não apresenta o rigor das pesquisas profundas sobre a pessoa), é preciso saber informações sobre a pessoa retratada, como: lugar e data de nascimento, fatos marcantes da infância e da juventude, coisas que sempre gostou de fazer, realizações importantes, entre outras.

Preparação

- Faça uma pesquisa em fontes confiáveis, como jornais, revistas e *sites* oficiais, sobre a personalidade que você retratará no ensaio biográfico.

- No caderno, anote em tópicos as informações mais importantes sobre essa pessoa e organize os acontecimentos de acordo com as datas em que ocorreram.

Escrita

- Nas linhas a seguir, construa seu texto como uma narrativa da vida dessa pessoa, incluindo linearmente os acontecimentos biográficos. Não copie os textos que você consultou, narre com suas palavras.

- Se desejar, selecione algumas fotografias para ilustrar passagens importantes da vida dela.

Revisão e reescrita

- Faça uma autoavaliação de seu texto. Releia os tópicos que levantou sobre a pessoa e verifique se estão contemplados cronologicamente em sua narrativa.

- Em seguida, fique atento aos desvios gramaticais e ortográficos. Sempre que preciso, consulte um dicionário.

- Após corrigir o texto, passe-o a limpo e, se possível, apresente-o a amigos e familiares, para que eles conheçam a vida da pessoa biografada e a relevância de sua participação na história do povo brasileiro.

Texto 1

Poema musicado

Muitos artistas ficam amigos e compõem obras juntos. É o caso do poeta Ferreira Gullar e da cantora e compositora Adriana Calcanhotto. O poeta pediu à Adriana Calcanhotto que musicasse alguns de seus poemas sobre seu gato. Ele se inspirou em seu bichano para escrever diversos poemas, reunidos no livro *Um gato chamado Gatinho*.

Vamos ouvir a música e ler um dos poemas que Adriana musicou? Acesse o endereço para ouvir a música: <www.youtube.com/watch?v=QOwwgrb5ojc>. Acesso em: out. 2015.

O ron-ron do gatinho

O gato é uma maquininha
que a natureza inventou;
tem pelo, bigode, unhas
e dentro tem um motor.

Mas um motor diferente
desses que tem nos bonecos,
porque o motor do gato
não é um motor elétrico.

É um motor afetivo
que bate em seu coração
por isso ele faz ron-ron
para mostrar gratidão.

No passado se dizia
que esse ron-ron tão doce
era causa de alergia
pra quem sofria de tosse.

Tudo bobagem, despeito,
calúnias contra o bichinho:
esse ron-ron em seu peito
não é doença – é carinho.

Ferreira Gullar. *Um gato chamado Gatinho*. São Paulo: Salamandra, 2000. p. 31.

1 No poema, Ferreira Gullar parece querer proteger seu gato de uma acusação. Que acusação é essa?

_____

_____

_____

_____

_____

_____

2 Para descrever as características de seu animal de estimação, Ferreira Gullar o compara a um objeto. Qual é esse objeto? Por que ele faz essa comparação?

_____

_____

_____

_____

3 Os gatos têm muitas características particulares além de ronronar. Escolha uma dessas características e compare o bichano a um novo objeto.

_____

_____

_____

_____

_____

 Verbos

Conheça uma obra do artista plástico, ilustrador, escultor e pintor cearense Aldemir Martins (1922-2006), que ficou famoso mundialmente pelo retrato da natureza e do povo brasileiro.

Estúdio Aldemir Martins

| Aldemir Martins. *Bicicleta*, 1965. Nanquim sobre papel, 30 cm × 26 cm.

1 Crie três frases contendo **verbos** que descrevam a ação realizada pelo personagem ou o contexto em que ele está inserido. Depois disso, circule esses verbos com uma caneta colorida.

_____

_____

_____

_____

_____

_____

Verbo é uma palavra variável, ou seja, pode ser flexionada em:

- **número** (singular ou plural);
- **pessoa**: 1ª (eu, nós), 2ª (tu, vós), 3ª (ele/ela, eles/elas);
- **tempo**:
  - **presente**: indica fatos atuais ou que ocorrem com frequência;
  - **pretérito (ou passado)**: indica fatos que já ocorreram ou que ocorriam no passado, porém atualmente não ocorrem mais;
  - **futuro**: indica fatos que ocorrerão no futuro;
- **modo**:
  - **indicativo**: exprime ideias concretas que ocorrem, ocorreram ou ocorrerão; por exemplo:

Eu **ando** de bicicleta todas as tardes.

Nas férias, eu **andava** de bicicleta todas as tardes.

Na semana que vem, **andarei** de bicicleta em um parque.

  - **subjuntivo**: exprime desejo ou hipótese; por exemplo:
    Espero que eu **ande** de bicicleta neste fim de semana.
    Se eu **andasse** de bicicleta regularmente, minha saúde estaria melhor.
    Quando eu **andar** de bicicleta novamente, chamarei você.

  - **imperativo**: exprime ordem ou conselho; por exemplo:
    Ande de bicicleta todos os dias e você se sentirá melhor!

O verbo pode exprimir **ação** (andar, cantar, falar, comer, escrever, sair), **estado** (ser, estar, parecer, ficar) ou **fenômeno da natureza** (chover, trovejar, ventar).

Observações:

1. Os verbos que indicam fenômeno da natureza não podem ser flexionados em pessoa.

2. A forma do verbo sem flexão é chamada de **infinitivo**. Dependendo da terminação do infinitivo, os verbos pertencem à:

- **1ª conjugação** – verbos terminados em **-ar**: amar, cantar, apagar, levar etc.;
- **2ª conjugação** – verbos terminados em **-er**: ver, espremer, varrer, esconder etc.;
- **3ª conjugação** – verbos terminados em **-ir**: ir, sorrir, partir, dormir etc.

3. O verbo **pôr** e seus derivados (compor, repor, expor etc.) pertencem à segunda conjugação, pois originaram-se da forma latina po**er**.

2 Leia os versos a seguir.

Chove. Há silêncio, porque a mesma chuva
Não faz ruído senão com sossego.

Fernando Pessoa.

a) Transcreva o verbo que não pode ser flexionado em pessoa e explique por quê.

_____

_____

b) Circule os verbos nos versos de Fernando Pessoa e assinale a alternativa que traz a classificação deles na sequência correta.

- ☐ ação e fenômeno da natureza

- ☐ fenômeno da natureza e estado

- ☐ fenômeno da natureza e fenômeno da natureza

- ☐ fenômeno da natureza e ação

3 Leia um trecho do livro *A fábrica mágica* e observe os verbos em destaque.

[...]

Tudo começou três semanas antes do Dia das Crianças...

Era a época do ano em que a Fada Madrinha dos brinquedos **visitava** a Fábrica Mágica, e **espalhava** sua magia tornando todos os brinquedos MÁGICOS. Depois, eles **entravam** nas caixas para serem vendidos, e as crianças que os **recebessem** de presente **precisavam** descobrir as "três palavras mágicas" que **ativavam** a magia.

Com as palavras mágicas, os brinquedos **despertavam** e **passavam** a falar com as crianças de uma forma muito engraçada; eles **diziam** as palavras ao contrário, e as crianças **adoravam**, desejando conversar com os brinquedos da mesma forma.

Porém, para isso acontecer, era necessário seguir as regras que **acompanhavam** cada brinquedo.

[...]

Maria Cristina Furtado. *A fábrica mágica*. São Paulo: Editora do Brasil, 2010. p. 6.

a) Em que tempo estão flexionados esses verbos?

_____

b) Os verbos em destaque indicam ações:

- ☐ que foram realizadas apenas uma vez, no passado.

- ☐ que, no passado, eram realizadas com regularidade, sempre na mesma época.

4 Releia o trecho a seguir.

[...] a Fada Madrinha dos brinquedos **visitava** a Fábrica Mágica [...].

Como ficaria esse verbo se:

a) mais de uma fada praticasse a ação? _____

b) indicasse uma ação atual? _____

c) indicasse uma ação futura, a ser realizada? _____

5 De acordo com o trecho lido, indique quem praticou as seguintes ações.

a) entravam: _____

b) despertavam: _____

c) adoravam: _____

6 Agora leia as regras que acompanhavam cada brinquedo e preencha as lacunas com os verbos no infinitivo que estão no quadro abaixo. Atenção, os verbos estão fora de ordem.

acreditar – conservar – ser – descobrir – duvidar – ativar

Regras

[...]

1- Sozinha, a criança, dona do brinquedo, "três mágicas palavras" precisa _____ _____.

2- Palavras que, escritas e faladas ao contrário, ajudam a criança a _____ _____ "amiga, leal e amorosa".

3- _____ na mágica, sem dela _____, é essencial para a magia se _____.

4- Finalmente, comportar-se de acordo com as "mágicas palavras" é importante para a magia _____.

[...]

Maria Cristina Furtado. *A fábrica mágica*. São Paulo: Editora do Brasil, 2010. p. 6.

Texto 2

Reportagem

Leia agora uma reportagem sobre gatos.

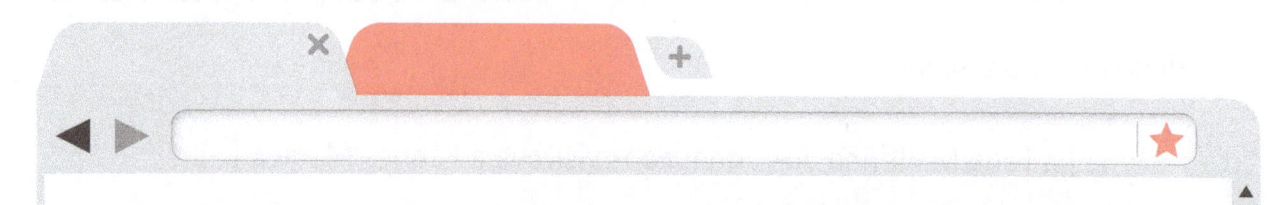

Gatos aliviam o estresse de escritório no Japão

Quando você vive em uma cidade apertada como Tóquio, possuir um animal de estimação é um luxo muito difícil de bancar. Os apartamentos geralmente têm rigorosas políticas contra a presença de animais de estimação, e a única maneira que moradores da metrópole japonesa podem brincar com alguns bichinhos é visitando cafés que possuem gatos de estimação.

| Bichano fazendo companhia para os funcionários no escritório.

Bom, agora não mais a única. Uma empresa no Japão surgiu com uma solução tanto para aumentar o contato com os bichanos quanto para melhorar a produtividade. Eles estão trazendo a experiência calmante dos cafés com gatos para dentro do escritório.

A ideia é da Ferray Corporation, uma empresa de soluções de internet que lida principalmente com a construção de páginas da web, desenvolvimento de aplicativos e outros trabalhos de **TI**. A empresa possui nove gatos resgatados que estão autorizados a percorrer o escritório o dia todo, dormir, causar problemas adoráveis como só os gatos conseguem e, geralmente, ser pequenas bolas peludas de alívio de estresse.

Agora imagine estes pequenos escaladores em um ambiente de trabalho. Aparentemente, eles acidentalmente desligam computadores, mastigam cabos de internet, riscam as paredes, rasgam papéis e, claro, atrapalham a digitação caminhando pelos teclados. Quando os clientes aparecem, os gatos têm o mau hábito de explorar as suas malas ao caírem dentro delas, além de encontrarem nas mesas de reunião camas perfeitas.

Ainda assim, os funcionários dizem que, apesar de alguns pequenos aborrecimentos, os gatos têm sido um enorme ponto positivo. A comunicação aumentou drasticamente, já que os gatos são um tema que une os empregados, e o estresse de todos também está menor. É basicamente impossível ficar chateado quando há um gato nas proximidades, mastigando um brinquedo ou perseguindo um *laser*.

E as políticas pró-animal de estimação da empresa não terminam por aí. Todo dia é dia de trazer o seu animal de estimação ao trabalho. Os funcionários são incentivados a trazer os seus próprios animais de estimação. Se eles não têm um, então a empresa paga uma quantia de ¥ 5.000 (aproximadamente R$ 112) por mês como um "bônus gato", para qualquer um que adote um gato que precisa de um lar.

Por mais louco que possa parecer, a Ferray não está sozinha em suas políticas de estimação. A Mars JapanLimited, especializada em suprimentos para animais, também incentiva seus funcionários a trazer seus animais de estimação para o trabalho. Outras empresas oferecem benefícios como tratar a morte de animais de estimação da mesma forma que a morte de um membro da família dos trabalhadores, dando-lhes um tempo de folga, bônus salarial pela perda e serviços funerários. [...]

HypeScience. Disponível em: <http://hypescience.com/empresa-enche-seus-escritorios-de-gatos-resgatados-para-melhorar-produtividade>. Acesso em: out. 2015.

> **TI:** TI, ou tecnologia da informação, refere-se a atividades desenvolvidas por meio da computação a fim de produzir, armazenar e difundir informações.

1 Releia o trecho a seguir e faça o que se pede.

> "[...] Aparentemente, eles acidentalmente **desligam** computadores, **mastigam** cabos de internet, **riscam** as paredes, **rasgam** papéis e, claro, **atrapalham** a digitação. [...]"

a) Complete a frase: O tempo em que os verbos em destaque estão flexionados é o
_____.

b) Essa flexão ocorre:

- ☐ para indicar ações interrompidas dos gatos.

- ☐ para indicar ações habituais dos gatos.

c) Reescreva o trecho flexionando os verbos de forma que indiquem ações já realizadas. Informe o tempo verbal empregado.

_____
_____
_____
_____
_____

- Tempo verbal: _____

d) Agora reescreva-o novamente, flexionando os verbos de forma que indiquem ações a serem realizadas. Informe o tempo verbal empregado.

_____
_____
_____
_____

- Tempo verbal: _____

e) Complete as informações:

- Verbos flexionados no pretérito, 3ª pessoa do plural, apresentam a terminação _____.

- Verbos flexionados no futuro, 3ª pessoa do plural, apresentam a terminação _____.

2 Imagine que você trabalha nessa empresa do Japão e foi encarregado de ir ao supermercado comprar ração para os gatinhos. Lá, encontrou dois tipos:

a) Qual embalagem traz mais explicações sobre o produto?

_____

b) O objetivo de haver mais explicações na embalagem da ração é:

- ☐ fazer com que o consumidor perceba que se trata de um produto de qualidade e incentivar sua compra.

- ☐ levar ao conhecimento do consumidor características que não são importantes.

c) Que diferenciais a ração Gatarrão oferece, comparando-a com a ração Gatuno?

_____

_____

_____

d) Se você fosse comprar um dos produtos, qual escolheria: o que traz mais informações na embalagem ou o que traz menos informações? Justifique.

_____

_____

_____

_____

e) Desafio: Qual verbo as embalagens de ração poderiam trazer para incentivar o consumo do produto? Em que modo verbal estaria flexionado?

_____

_____

f) Esse verbo:

- ☐ indica uma dúvida.

- ☐ faz um convite, dá uma sugestão, quase uma ordem.

A finalidade dos **textos publicitários** é, basicamente, vender algo ou chamar a atenção das pessoas para algum tipo de campanha. Por isso, ele deve ser criativo e de fácil leitura, sem períodos longos e sem palavras que o público desconheça o significado.

O **modo imperativo** é um recurso muito utilizado nesses textos, uma vez que expressa sugestão, convite, conselho ou mesmo uma ordem velada. A ideia implícita em "Compre!", na embalagem da ração Gatarrão, por exemplo, é "Compre nosso produto, vai ser vantajoso para você e fará bem a seu animal de estimação!".

3 Encontre e circule na propaganda institucional a seguir os verbos no modo imperativo que foram usados para orientar o público a tomar uma boa atitude.

4 Que aspecto o texto da propaganda institucional da atividade 3 pretende divulgar? Assinale a resposta correta.

a) ☐ ecologia

b) ☐ saúde

c) ☐ moradia

d) ☐ educação

Poema

Na proposta a seguir, você criará um poema sobre um animal usando a mesma estrutura do poema "O ron-ron do gatinho", apresentado no início deste capítulo.

Preparação

- Escolha um animal do qual goste.
- Identifique uma característica marcante dele, que será o assunto de seu poema.
- Pense em um objeto que pode ser comparado à característica escolhida desse animal. Faça uma lista de semelhanças entre esse objeto e o animal que você escolheu.

Escrita

- Com a lista de semelhanças em mãos, crie no caderno um poema sobre o animal que você escolheu, comparando-o a um objeto. Deixe o espaço deste livro para passar o poema a limpo, após a revisão da escrita.
- Seu texto deverá ter cinco estrofes de quatro versos cada uma, um título e sua assinatura.
- Você deve rimar o primeiro verso com o terceiro e o segundo com o quarto, assim como no poema original. Veja:

> No passado se dizia
> que esse ron-ron tão doce
> era causa de alergia
> pra quem sofria de tosse.

- Para identificar a melodia presente no poema original, leia-o em voz alta.

Revisão e reescrita

- Quando tiver o rascunho de seu poema pronto, revise as rimas. Se for necessário, recite o poema que você criou, para ouvir se a melodia está harmônica, conforme o exemplo lido.
- Verifique também possíveis desvios ortográficos.
- Finalizada a revisão, utilize as linhas da página seguinte para passar o poema a limpo.
- Faça uma ilustração ao lado de seu poema para acompanhá-lo.
- Se possível, leia seu poema para amigos ou familiares.

Texto 1

Lenda

Leia a seguir uma lenda sobre uma aldeia kayapó.

O mundo subterrâneo dos kayapós

Havia, muito tempo atrás, numa aldeia kayapó, uma índia que não era boa mãe para seus inúmeros filhos. Gostava de negar-lhes comida quando pediam.

Por não ser boa mãe, foi queimada pelo pajé, e tanto ela como seus filhos foram transformados em porcos.

Eram porcos diferentes, porque até então na Terra só havia o porco caititu.

Quando de manhã os índios viram a nova espécie de porcos, ouviram do pajé o que havia acontecido. Reuniram o conselho da aldeia e resolveram que os novos porcos não podiam ficar nem ali nem na mata, para evitar que alguém os matasse.

Então, os novos porcos foram levados para uma caverna ao pé da serra, cuja entrada foi fechada com pedras.

Passados alguns dias, o pajé abriu a caverna, matou dois porcos e os assou.

Na aldeia, os índios ficaram desconfiados ao ver a carne assada, porém tiveram medo de perguntar ao temido pajé.

Mas, no dia seguinte, aproveitando a ausência do pajé, um dos índios perguntou ao filho do feiticeiro:

— Onde seu pai achou esses porcos?

O menino respondeu:

— Não posso mostrar, porque estou com o pé machucado e doente.

O menino, porém, foi carregado nas costas de um índio e obrigado a guiar os guerreiros até a caverna dos porcos.

Chegaram à entrada da caverna e tiraram as pedras para conferir o número de porcos. Encontraram muitos, pois eles haviam se multiplicado.

Os porcos, enraivecidos por estarem presos, lançaram-se sobre os índios, que foram obrigados a fugir e a subir nos lugares mais altos. O menino, que não pôde fugir, por causa de seu pé doente, foi pisado, morto e devorado pelos porcos, sobrando apenas a ferida do pé.

Mais tarde, quando o pajé soube do acontecido, juntou a ossada do filho com a ferida do pé e, abanando e assoprando, o fez reviver.

O pajé, com sua raiva, provocou o primeiro terremoto, originando, nas montanhas, os rios e os vales. Depois abriu um caminho da caverna para o mundo subterrâneo, por onde os porcos que ficaram presos na caverna desceram. E lá estão até hoje, fazendo, quando correm, a terra tremer.

Antoracy Tortolero Araujo. *Lendas indígenas*. 2. ed. São Paulo: Editora do Brasil, 2014. p. 12-13.

Língua: Gramática

Discurso direto e discurso indireto

1 O texto é narrado:

a) ☐ por um dos personagens da história.

b) ☐ por um narrador que não participa da história, apenas a conta.

2 Que expressão do início do texto transmite ideia de tempo indeterminado?

_____

3 Muitas vezes, as lendas explicam, de modo fantasioso, a origem de acontecimentos ou de seres da natureza. Que origem é explicada através da lenda "O mundo subterrâneo dos kayapós"?

_____

_____

_____

_____

4 Assinale a alternativa que melhor explica a atitude do pajé ao abrir a caverna e matar dois porcos.

a) ☐ O pajé agiu de acordo com o que o conselho da aldeia havia decidido.

b) ☐ O pajé não respeitou a regra que o conselho da aldeia havia decidido.

5 O filho do pajé foi devorado pelos porcos:

a) ☐ devido à sua falta de agilidade.   b) ☐ devido à sua falta de coragem.

6 Releia o trecho a seguir:

O menino respondeu:

— Não posso mostrar, porque estou com o pé machucado e doente.

a) Que pontuação marca a fala do personagem?

_____

b) Como ficaria esse trecho se, em vez de reproduzir exatamente a fala do personagem, o narrador apenas tivesse indicado o que o menino falou? Complete a frase para responder.

• O menino respondeu que não _____

_____

_____

_____

c) O que foi modificado com essa reescrita? Assinale os itens corretos.

• ☐ Todas as palavras.

• ☐ A pontuação.

• ☐ O tempo de alguns verbos.

No fragmento retirado do texto, mencionado na atividade 6, foi empregado o **discurso direto**, ou seja, a fala do personagem foi reproduzida, utilizando-se, para isso, a pontuação do diálogo: dois-pontos e travessão.

Já no item **b** da atividade, foi empregado o **discurso indireto**, ou seja, o narrador da história apenas contou o que o personagem falou. Nesse caso, não se faz necessário o uso da pontuação do diálogo.

7 Reescreva o trecho a seguir empregando o discurso indireto.

> Mas, no dia seguinte, aproveitando a ausência do pajé, um dos índios perguntou ao filho do feiticeiro:
>
> — Onde o seu pai achou esses porcos?

_____

_____

_____

_____

_____

Verbos

8 Agora que você aprendeu um pouco mais como se conjugam os verbos, fará uma brincadeira de conjugação. É muito simples, siga as etapas!

1. A tabela da página seguinte apresenta vários verbos no modo infinitivo, que é como os encontramos no dicionário.

2. Você deve completar a tabela com outros exemplos de verbos no infinitivo pertencentes à mesma conjugação (pelo menos três) e considerando a ordem alfabética. Por exemplo:

Letra	Verbo	Verbos da mesma conjugação
A	amar	acordar, ajudar, aproveitar etc.
B	bordar	babar, beijar, beliscar etc.

3. Você pode usar verbos que indiquem ação, estado ou fenômeno da natureza.

4. Se necessário, consulte o dicionário.

Letra	Verbo	Verbos da mesma conjugação
A	amar	
B	bordar	
C	cortar	
D	descer	
E	elevar	
F	fazer	
G	gostar	
H	higienizar	
I	imprimir	
J	jogar	
L	levar	
M	manter	
N	naturalizar	
O	ouvir	
P	pegar	
Q	quarar	
R	resgatar	
S	sumir	
T	trazer	
U	usar	
V	ver	
Z	zombar	

9 Complete o diagrama de palavras com alguns dos verbos da tabela da atividade anterior. Se necessário, consulte o dicionário.

1. Pôr em plano ou ponto superior.

2. Conceder (dar) a um estrangeiro os mesmos direitos de um cidadão que nasceu em determinado país.

3. Deixar limpo, saudável.

4. Fazer desenhos em panos, usando linha e agulha.

5. Expor ao ridículo, debochar, caçoar.

6. Conservar no mesmo estado.

7. Clarear a roupa expondo-a ao sol.

8. Recuperar.

9. Reproduzir dados ou arquivo em papel por meio de impressora.

10. Dividir em partes com instrumento afiado ou com as mãos.

 Cordel

Leia o texto de cordel a seguir e observe os verbos em destaque.

O jabuti e o caipora

Uma fábula engraçada,
Com cordel eu vou contar;
Vai falar de um jabuti
Que **aprontava** sem parar,
E os seres da floresta
Só queriam se **vingar**.

É porque o jabuti,
Ninguém mesmo perdoava,
Se um homem aparecesse,
Dava um jeito e o **enganava**;
Da raposa até gigante,
Nada dele escapava.

Certo dia, o jabuti
Numa árvore **encostou**,
Pegou sua flauta doce,
Delicado ele **tocou**,
Quando veio o caipora
Porque o som dela **escutou**

Quando viu o jabuti,
Começou a lhe **falar**:
— Vamos ver quem é mais forte,
Com você quero apostar!
— Isso mesmo, caipora,
Mas é claro, eu vou ganhar.

O caipora foi ao mato,
Um cipó ele **cortou**,
Segurou uma ponta e a outra
Para o jabuti **entregou**,
Disse: — Você vai pra água,
Pra floresta agora eu vou.

Claro que o jabuti
Conhecia a força alheia,
Mas pensou: — Na esperteza,
Ninguém mesmo me aperreia,
Eu **amarro** o meu cipó
Bem no rabo da baleia.

O caipora sem saber,
O cipó forte **puxou**,
A baleia irritada
Para o fundo ela **nadou**,
Deu um tranco no caipora
Que pro mar logo voou.

Assustado o caipora
Disse: — Pare, por favor!
Jabuti, eu já desisto,
Você é o vencedor,
Nunca mais quero saber
De apostar com o senhor.

E assim o caipora
Foi e nunca mais voltou;
Depois disso o jabuti
O cipó já desatou,
Retornou pra sua árvore,
E sua flauta **dedilhou**.

Suas notas eram calmas
E tão doce a melodia,
Esta história aqui termina;
Venceu a sabedoria,
Viva o esperto jabuti,
Adeus, até outro dia.

César Obeid. *Cordelendas, histórias indígenas em cordel.* São Paulo: Editora do Brasil, 2014. p. 34-37.

1 Das ações representadas pelos verbos em destaque no texto, quais foram praticadas:

a) pelo jabuti?

_____

_____

b) pelo caipora?

_____

_____

2 Ainda sobre as ações em destaque, quem praticou as que não foram listadas na atividade anterior?

_____

_____

3 Por que, na história lida, o jabuti e o caipora praticam a maioria das ações? Assinale a resposta correta.

a) ☐ Porque são mais inteligentes.

b) ☐ Porque são os personagens principais da história.

4 O texto "O jabuti e o caipora", contado em forma de cordel, é também um texto de outro gênero, conforme informado nos primeiros versos. Qual é esse gênero textual e quais são suas características?

_____

_____

_____

_____

_____

5 Que moral poderia ser aplicada em "O jabuti e o caipora"?

a) ☐ Contra esperteza, esperteza e meia.

b) ☐ Quem avisa amigo é.

c) ☐ Mais vale um pássaro na mão que dois voando.

6 Agora é sua vez de fazer um cordel. Pesquise uma fábula e reconte-a em forma de cordel. Lembre-se de que você terá que escrevê-la no caderno em versos; procure rimá-los. Depois leia-o para seus amigos e familiares.

Charge

Leia a charge a seguir para produzir a sua.

| Charge de Clayton Rebouças.

Preparação

- A charge tem um formato semelhante ao da história em quadrinhos. A diferença é que nas charges geralmente há uma crítica social ou política, e elas são compostas de apenas um quadrinho.

- O tema de sua charge pode ser uma crítica ao excesso de uso das redes sociais. Para isso, faça uma pesquisa em fontes confiáveis sobre os riscos do uso exagerado de redes sociais. Sugerimos o *site* a seguir:
<http://educarparacrescer.abril.com.br/comportamento/fique-atenta-aos-perigos-internet-699849.shtml>. Acesso em: out. 2015.

Escrita

- Elabore a charge em uma folha à parte fazendo rascunhos de suas ideias. Inicialmente, não se preocupe com o desenho, mas com a ideia que deseja transmitir. Seja criativo e crítico!

- Utilize os elementos da linguagem de histórias em quadrinhos (balões de fala, quadrinho do narrador, entre outros).

Revisão e reescrita

- Quando a charge estiver pronta, passe-a a limpo em uma folha de papel sulfite e revise-a para garantir que não haja desvios ortográficos e gramaticais.

- Finalizada a charge, mostre-a para seus familiares e amigos e converse com eles sobre o uso excessivo de redes sociais nos dias atuais.